校园篮球教学指导

练碧贞 主编

北京体育大学出版社

策划编辑　佟　晖
责任编辑　佟　晖
责任校对　赵红霞
版式设计　联众恒创

图书在版编目（CIP）数据

校园篮球教学指导 / 练碧贞主编 . -- 北京 : 北京体育大学出版社，2022.7（2024.7 重印）
  ISBN 978-7-5644-3671-1

Ⅰ . ①校… Ⅱ . ①练… Ⅲ . ①篮球运动—小学—教学参考资料 Ⅳ . ① G623.83

中国版本图书馆 CIP 数据核字（2022）第 098193 号

校园篮球教学指导

练碧贞　主编

XIAOYUAN LANQIU JIAOXUE ZHIDAO

出版发行：	北京体育大学出版社
地　　址：	北京市海淀区农大南路 1 号院 2 号楼 2 层办公 B-212
邮　　编：	100084
网　　址：	http://cbs.bsu.edu.cn
发 行 部：	010-62989320
邮 购 部：	北京体育大学出版社读者服务部 010-62989432
印　　刷：	三河市龙大印装有限公司
开　　本：	700mm×1000mm　1/16
成品尺寸：	170mm×240mm
印　　张：	8.75
字　　数：	140 千字
版　　次：	2022 年 7 月第 1 版
印　　次：	2024 年 7 月第 2 次印刷
定　　价：	60.00 元

（本书如有印装质量问题，请与出版社联系调换）

版权所有·侵权必究

编委会

主　编：练碧贞

副主编：张铭鑫

编　委：徐　霄　冯　蕾　张　飞　董　芮

　　　　陈若冰　杨　桂　李世豪　吴竹明

　　　　何金钊　张遥磊　刘潇红　盛小刚

　　　　赵士利　徐　凯　王小宁　张　骞

图例说明

传球	------▶
运球	∿∿∿▶
无球移动	⟶
掩护	⟶|
有球队员	①˙
无球队员	①
防守队员	⊗1
锥形桶	⌂
标志盘	◯

第一章　校园篮球教学原则与方法

1 /第一节　校园篮球教学原则
3 /第二节　校园篮球教学方法

第二章　校园篮球教学文件

7 /第一节　校园篮球课程教学大纲
15/第二节　校园篮球课程教学进度
20/第三节　校园篮球课程教案

第三章　校园篮球课准备部分教学

28/第一节　热身和球感练习
29/第二节　游戏活动

第四章　校园篮球课基本部分教学

40/第一节　运球技术教学
49/第二节　传、接球技术教学

58/第三节　投篮技术教学

69/第四节　突破技术教学

74/第五节　篮板球技术教学

80/第六节　防守技术教学

91/第七节　篮球战术基础配合教学

108/第八节　身体素质教学

第五章　校园篮球课结束部分教学

120/第一节　结束部分概述

121/第二节　放松练习方法

第六章　校园篮球室内理论课教学

127/第一节　篮球初级理论课内容

128/第二节　篮球中级理论课内容

129/第三节　篮球高级理论课内容

第一章 校园篮球教学原则与方法

第一节 校园篮球教学原则

教学原则是有效进行教学必须遵循的基本规律。它既指导教师的教，又指导学生的学，贯穿于教学过程的始终。它使教学过程中有更加明确的教学要求，既是教学的工作思路，又是评价教学的标准，对保证教学质量和提高教学效率发挥着重要的保障作用。体育教学原则是在总结体育教学实践经验，探索和研究体育教学内在规律的基础上逐渐完善起来的，是体育教学工作中必须遵循的基本要求。在小学篮球教学中，为更好地提高篮球教学效果，应遵循以下教学原则。

一、趣味性原则

趣味性原则是指根据小学生好奇、好胜、好新等普遍的心理特点，在篮球教学过程中，适当地增加篮球练习的趣味性，例如将篮球教学寓于形式多样的游戏活动中，教学内容丰富和活泼一点，练习手段多样一点，增加课堂的趣味性，提高学生练习篮球的兴趣。

二、全面锻炼原则

全面锻炼原则是指通过篮球课程的教学，使学生的形态机能、身体素质、心理品质、道德情操等诸方面得到全面和谐的发展。6~13岁的小学生处于身体发育的旺盛期，也是打好篮球基本功的最佳时期，因此应把握住这个机会，使学生的体能、技能和心理品质等都能得到全面发展和提高。例如：在体能方面应训练他们跑、跳、移动等能力；在技能方面应加强他们运球、传球、投篮等基本功；在心理品质方面应适当安排个人对抗、集体比赛等。

三、循序渐进原则

循序渐进原则主要是指在篮球教学中，安排的教学内容、难度、时间、运动负荷等应符合学生的身体发育特征和技术发展的规律，要遵循由简到繁、由易到难、由少到多的原则。在教授篮球技术时，要遵循运动技术泛化—分化—巩固—自动化的学习规律。

四、因人而异原则

学生对于篮球运动的兴趣、爱好以及身体可承受的负荷能力存在个体差异，进行篮球教学时，应尽量做到因人而异，根据学生的自身条件，如年龄、性别、身体素质水平、篮球技术水平等，合理地安排其适宜的教学内容、运动时间、运动强度等。

五、一般身体练习与篮球专项练习相结合的原则

一般身体练习与篮球专项练习相结合的原则是指根据学生身体发育的特点，以及篮球要全面训练的要求，注重一般身体练习和篮球专项练习相结合，达到既

提高身体素质又掌握篮球技能的目标。例如：可以在篮球教学的准备部分安排一些跑、跳练习，结合球的一些练习。这样既可以起到热身的效果，也可以达到提高学生身体素质的目的，还可以提高球性。

六、周期性原则

周期性原则是指在篮球教学过程中，教师对于一些教学内容要按照一定的周期、循环往复地不断组织学生练习，从而更好地强化学生的篮球技能。例如：前一学期教授了原地单手肩上投篮的技术动作，本学期可以根据学生的掌握情况教授难度更大的跳投技术动作。总的来说，6~13岁的小学生篮球课，可以将一学期作为一个训练周期来进行教学，下一学期还要将上一学期一些教学内容进行难度、强度等升级后，再让学生进行练习。

七、恢复性原则

小学生处于身体发育的关键时期，要特别注意学生进行篮球练习后的身体和心理的恢复。教师在篮球课上要安排学生进行身体放松练习，注意语言安抚、激励，同时要求学生保证营养饮食和充足睡眠。

第二节　校园篮球教学方法

教学方法的选用是以完成教学任务、达成教学目标为目的，教学方法的选用必须服务于教学目标。在体育教学中，教学方法与教学内容存在紧密联系，所选择的方法必须能够将教学内容完整清晰地呈现出来。本节对小学篮球教学中常用的教学方法和注意问题进行简单的概括。

一、常用的教学方法

1. 以语言传递信息为主的教学方法

（1）讲解法

讲解法是教师通过简明、生动的口头语言向学生系统地传授体育知识、运动技能的方法。在小学篮球教学过程中，讲解法是一种主要的、基本的教学方法。使用讲解法时，教师的语言要生动形象、简明扼要，快速地让学生领会篮球技术要领。

（2）问答法

问答法是指教师和学生以口头语言问答的方式完成体育教学的方法。它的优点是便于启发学生的思维，培养学生的思考能力和语言表达能力，也有唤起和保持学生注意力和兴趣的作用。在体育教学中，教师使用问答法往往是通过简短的语言来实现的，尽量不进行太长时间的讨论，以免影响上课的效率。

2. 以直接感知为主的教学方法

（1）动作示范法

动作示范法通常是教师以自身完成的动作作为范例，用以指导学生进行学习的方法。动作示范法是体育教学中最常用的直观方法，它在使学生了解所学动作的表象、顺序、技术要点和领会动作特征方面具有独特的作用。在示范时，除应强调教师示范的标准规范，还要根据示范动作的难易程度以及学生的组织形式把握好示范的方向、速度、距离等要素。

（2）演示法

演示法是教师在体育教学中通过展示各种实物、直观教具，让学生通过观察获得感性运动认识的教学方法。演示法对于运动表象记忆是非常重要的，因此是不可缺少的一种教学方法。在小学篮球教学中，演示的手段可以是活动的人体模型、战术板、图片、图画等小道具，也可以是幻灯片或平板电脑、计算机播放教学视频等。

3. 以身体练习为主的教学方法

（1）分解练习法

分解练习法是指将完整的动作分成几部分，逐段进行练习的教学方法。它的优点是把动作的技术难度相对降低，便于学生掌握和突出教学重、难点，同时还有利于提高学生学习的信心；缺点是不利于学生对完整动作的领会，有可能形成对局部和分解动作的单独掌握，妨碍完整地掌握动作。进行分解练习时应注意：划分动作时注意动作相互间的联系，分解动作应易于连接完成，并不破坏动作的结构；使学生明确所分解的部分在完整动作中的地位和与其他动作的相互联系。分解练习法应与完整练习法结合运用才能有更好的学习效果。

（2）完整练习法

完整练习法是从动作开始到结束，不分部分和段落，完整连续地进行教学和练习的方法。它的优点是教学中能保持动作结构的完整性，易于形成技术动作的整体概念和动作间的联系，但是对于初学者来说使用完整练习法进行技术练习的难度较大，因此可以先用分解练习法再用完整练习法。

4. 以游戏和竞赛活动为主的教学方法

（1）游戏法

游戏法是教师通过组织学生做游戏来完成教学任务的一种教学方法。游戏中的情节和竞争合作等要素可以培养学生思考和判断的能力，也可以陶冶学生的情操。运用游戏法应注意：选择游戏的内容与形式应有明确的目的；在游戏中应采取相应的规则，教育学生严格遵守规则，发挥学生的主动性和创造性去争取优胜；布置好场地器材，加强游戏的组织工作；游戏结束时，要做好点评，指出优点和不足。

（2）比赛法

比赛法是指通过组织比赛进行技能学习和练习的一种方法。严格地讲，比赛也是游戏的一种形式，但是比赛要更严格。比赛往往是实战，并具有强烈的竞争性，因此对学生的技战术和体能都提出了更高的要求。运用比赛法时应注意：应根据教学目标、实际的教学过程、学生的技术熟练程度和场地器材条件等合理地运用比赛法。一般情况下，比赛双方的实力水平应接近；比赛时应严格控制和调整好学生的运动负荷，防止过度疲劳和受伤；比赛是对学生进行全方面教育的好机会，要注意在提高运动技能的同时，对学生进行意志品质的教育。

二、选择教学方法应注意的问题

1. 根据教学的目的和任务

应根据不同的教学目的、任务，选用合适的体育教学方法。例如：新授课需要更多地运用讲解法、分解练习法等，复习课需要更多地运用问答法、完整练习法、比赛法等。

2. 符合教材内容及特点

体育教师应在仔细分析教材的基础上，根据教材的性质和具体内容特点灵活地选择适当的教学方法。例如：教篮球跑、跳等基本动作时宜使用完整练习法，而教投篮、上篮、战术配合等宜使用分解练习法。

3. 考虑学生的实际情况

选择教学方法的目的是提高教学质量、增强学习效果，因此选用的教学方法应符合学生的身心发展特征，如学生的年龄、性别、智力、能力、学习态度和习惯等。

4. 结合教师的个人特点

教学方法只有和教师自身的条件特点密切结合才能取得最佳教学效果。例如：有的篮球教师思维能力、语言表达能力较强，就可以用生动形象的语言（讲解法）描述技术动作方法；有的篮球教师身体形象好、运动技能强，就可以多运用演示法，使学生产生学习兴趣和信任感。

5. 考虑方法本身的适用条件

选用教学方法应遵循它们各自独特的作用、适用范围、使用条件等，如有时候多讲是循循善诱、有时则变成冗杂多余。因此，教师应深刻理解教学方法的作用、把握好使用教学方法的范围和时机、准确了解篮球教学方法的适用条件等。

6. 结合教学质量和效率

不同的教学方法所用的时间和产生的效率是不一样的，达到的教学效果和质量也是不一样的。好的教学方法应该是高效低耗的，能保证在规定的时间内完成教学任务。但是还要注意"有价值的弯路"，即看起来很费时间，但实际上是很重要、有意义的步骤。

总之，教师应尽可能地选用既省时又有效的教学方法，以达到最优化的课堂教学效果。

第二章　校园篮球教学文件

篮球教学文件是篮球教学工作的各种计划，它是在长期教学实践中总结出来的宝贵经验，是篮球教学工作的主要依据。正确制定和执行篮球教学文件是全面完成篮球教学任务的前提，是顺利进行篮球教学工作的根本保证，也是检查篮球教学工作的重要依据。篮球教学文件一般包括教学大纲、教学进度和教案三部分。

第一节　校园篮球课程教学大纲

校园篮球课程教学大纲是依据小学教学计划而制定的课程教学纲领性文件，是小学篮球课程组织（教研室或教研组）和教师个人组织篮球课程教学工作的主导思想。小学篮球课程教学大纲限定了教学的知识范围，确定了课程的考核标准和方法，是衡量教学任务完成情况的基本依据。

一、小学初级篮球课程教学大纲

（一）课程目标

通过本课程的学习，使学生能够对篮球运动产生兴趣，体验篮球运动带来的快乐；掌握简单的篮球技术动作；发展以柔韧性、灵敏性和协调性为主的身体素质，以达到锻炼身体，提高身体素质目的；同时学会在篮球活动中遵守规则，尊重他人。

（二）教学内容

1. 实践课教学内容

项目	内容
游戏	篮球游戏
脚步移动	起动、急停、直线跑、侧身跑
球感	原地或行进间的抛球、接球、耍球
投篮	原地投篮（单手或双手）、行进间投篮
运球	原地高低运球、行进间直线运球
传、接球	原地或行进间双手胸前传、接球，双手反弹传、接球
身体素质	柔韧性、反应速度、位移速度

2. 理论课教学内容

项目	内容
篮球小知识	篮球运动起源
篮球小故事	篮球明星成长故事
篮球规则介绍	篮球场地、器材标准

(三) 考核内容与成绩评定

1. 原地投篮

(1) 考核方法

如图 2-1 所示,在距离篮筐中心投影点 2 米处放一标志物,学生站在标志物后投篮,共投 3 次。

(2) 成绩评定

优秀:投篮动作规范,上下肢用力协调。

良好:投篮动作较规范,上下肢用力基本协调。

一般:投篮动作基本规范,上下肢用力不太协调。

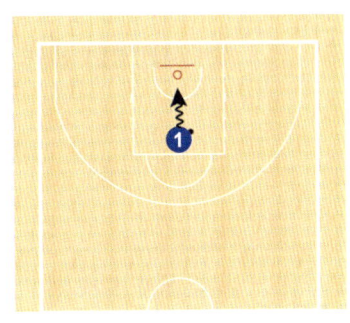

图 2-1

2. 行进间直线运球

(1) 考核方法

如图 2-2 所示,学生从罚球线开始右手运球到对侧罚球线,然后在标志物前换左手运球返回。

(2) 成绩评定

优秀:运球动作规范,速度快。

良好:运球动作较规范,速度较快。

一般:运球动作基本规范,速度较慢。

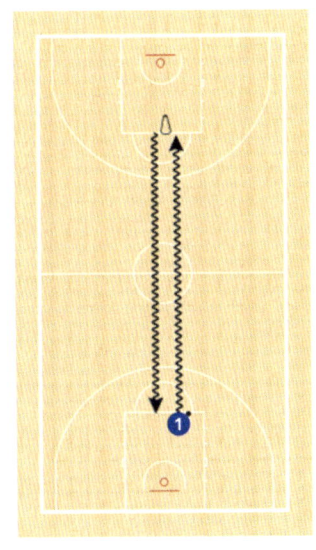

图 2-2

二、小学中级篮球课程教学大纲

（一）课程目标

通过本课程的学习，使学生掌握篮球基本技术动作，具备控制球和支配球的能力；了解篮球基本规则，学会比赛的基本方法；发展以柔韧性、协调性和反应速度为主的身体素质；培养学生公平竞争、团队协作、规则意识以及顽强的意志品质。

（二）教学内容

1. 实践课教学内容

项目	内容
游戏	篮球游戏
脚步移动	滑步、转身
投篮	原地投篮、行进间上篮
运球	体前变向运球、后转身运球
传、接球	行进间双手胸前传、接球，双手反弹传、接球
防守对手	防有球，抢、打、断球
教学比赛	半场比赛
身体素质	柔韧性、反应速度、位移速度

2. 理论课教学内容

项目	内容
篮球小知识	篮球运动在中国的发展
比赛规则介绍	时间规则、主要违例、主要犯规
技术分析	主要技术分析，播放有关技术视频

（三）考核内容与成绩评定

1. 行进间双手胸前传、接球上篮

（1）考核方法

如图 2-3 所示，两人一组，相距约 3 米，从一侧端线向另一侧端线行进间双手胸前传、接球上篮，以同样方法传、接球返回。

（2）成绩评定

优秀：传球动作规范，手脚配合协调，移动速度快。

良好：传球动作较规范，手脚配合较协调，移动速度较快。

一般：传球动作基本规范，手脚配合基本协调，移动速度较慢。

2. 变向运球和后转身运球上篮

（1）考核方法

如图 2-4 所示，篮球场地上的标志 1、标志 3 位于罚球线延长线与三分线交接处，标志 2 在中线与中圈交叉点上。学生在球场端线中点处站立，用右手运球至标志 1 处做体前变向运球，换左手向标志 2 处运球，至标志 2 处做左手后转身运球，换右手运球至标志 3 处，做体前变向运球后左手（或右手）上篮。球中篮后方可用左手运球返回标志 3 处，做体前变向运球，换右手向标志 2 处运球，在标志 2 处做右手后转身运球，换左手运至标志 1 处，做体前变向运球后右手（或左手）上篮。

（2）成绩评定

优秀：动作连贯协调，运球速度快。

良好：动作比较连贯协调，运球速度较快。

校园篮球教学指导

一般：动作基本连贯，运球速度较慢。

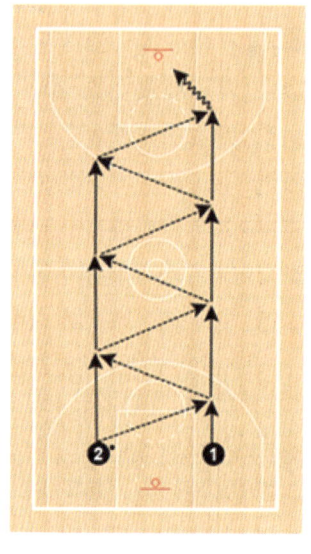

图 2-3

图 2-4

三、小学高级篮球课程教学大纲

（一）课程目标

通过本课程的学习，使学生掌握简单的组合技术动作；初步掌握简单的基础配合，并学会在比赛中运用；掌握篮球主要竞赛规则，了解篮球裁判法；发展以协调性、灵敏性、平衡和速度为主的身体素质；加强合作意识和攻防意识的培养。

（二）教学内容

1. 实践课教学内容

项目	内容
游戏	篮球游戏
运球	有防守下的各种运球
投篮	行进间低手上篮
持球突破	交叉步突破
传、接球	防守下单手或双手传、接球
抢篮板球	抢进攻、防守篮板球
防守对手	防有球和防无球
组合技术	运球、传球、突破、投篮组合
基础配合	传切配合、侧掩护配合
教学比赛	半场或全场比赛
身体素质	协调性、灵敏性、速度、弹跳

2. 理论课教学内容

项目	内容
主要篮球赛事介绍	美国职业篮球联赛（NBA）、中国职业篮球联赛（CBA）赛事介绍
基础战术配合分析	传切配合、掩护配合，播放有关基础配合视频
主要裁判法介绍	裁判主要判罚手势等

（三）考核内容与成绩评定

1. 持球突破上篮

（1）考核方法

如图 2-5 所示，学生在三分线附近，与篮板成 45°角处做原地持球交叉步突破上篮。

（2）成绩评定

优秀：突破动作正确，连贯协调。

良好：突破动作较正确，连贯协调。

一般：突破动作基本连贯协调。

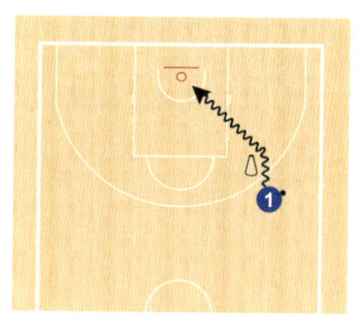

图 2-5

2. 全场一攻一守

（1）考核方法

如图 2-6 所示，两人一组，一人进攻，一人防守，全场进行。攻守到对面后两人交换，进攻变防守，防守变进攻返回（考核进攻和防守两项技术）。

（2）成绩评定

①进攻。

优秀：进攻队员能很好地运用各种运球技术及脚步动作突破对手的防守。

良好：进攻队员能较好地运用各种运球技术及脚步动作突破对手的防守。

一般：进攻队员基本上能运用各种运球技术及脚步动作突破对手的防守。

②防守。

优秀：防守姿势与防守方法正确，选位合理。

良好：防守姿势与防守方法较正确，选位较合理。

一般：防守姿势与防守方法基本正确，选位基本合理。

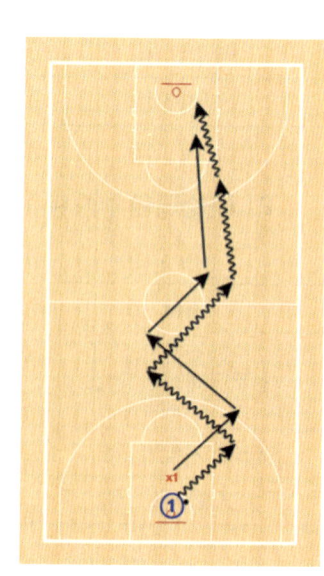

图 2-6

第二节 校园篮球课程教学进度

校园篮球课程教学进度是依据篮球课程教学大纲的要求,把教学大纲所规定的知识范围和知识点,按照一定的逻辑关系和难易程度,合理地分配到每次课中,使教学工作呈现出科学的逻辑序列。合理地制定教学进度对提高教学效果和质量具有重要作用。篮球课程教学进度是学校和教师在课程管理中的重要工作,是贯彻落实篮球教学计划、教学大纲的保证。篮球课程教学进度是教师备课和编写教案的直接依据,篮球课程教学进度的安排是否科学,在很大程度上关系着教学的效果和教学任务完成的质量。

一、小学初级篮球课程教学进度

小学初级篮球课程教学进度与前一节的小学初级篮球课程教学大纲相对应,教学进度的内容与教学大纲内容基本一致。各学校可根据教学大纲的要求对本课程的教学进度进行调整。

小学初级篮球课程教学进度表

课次	教学内容
1	(1) 篮球游戏 (2) 球感:原地抛球、接球
2	(1) 篮球游戏 (2) 运球:原地高低运球
3	(1) 球感:原地抛球、接球、耍球 (2) 传、接球:原地双手胸前传、接球

续表

课次	教学内容
4	（1）脚步移动：起动、急停、直线跑 （2）投篮：原地投篮（单手或双手）
5	（1）篮球游戏 （2）运球：原地高低运球
6	（1）投篮：原地投篮（单手或双手） （2）传、接球：原地双手胸前传、接球
7	（1）运球：行进间直线运球 （2）传、接球：原地双手反弹传、接球
8	（1）投篮：原地投篮（单手或双手） （2）运球：行进间直线运球
9	（1）投篮：行进间高手上篮（三步上篮） （2）传、接球：行进间传、接球
10	（1）投篮：行进间高手上篮（三步上篮） （2）脚步移动：侧身跑
11	（1）传、接球：行进间双手胸前传、接球 （2）运球：行进间直线运球上篮
12	（1）传、接球：行进间双手胸前传、接球 （2）运球：行进间直线运球上篮
13	室内理论课：篮球运动起源
14	室内理论课：篮球明星成长故事，播放明星纪录片
15	室内理论课：篮球规则介绍，篮球场地、器材标准
16	考试

注：①该进度可根据学校自身场地器材条件、天气情况等，结合实际适当调整，室内理论课可根据天气情况调整课次。②身体素质内容可结合准备活动和技术练习来完成。

二、小学中级篮球课程教学进度

小学中级篮球课程教学进度与前一节的小学中级篮球课程教学大纲相对应，教学进度的内容与教学大纲内容基本一致。各学校可根据教学大纲的要求对本课程的教学进度进行调整。

小学中级篮球课程教学进度表

课次	教学内容
1	（1）球感：原地抛球、接球、耍球 （2）篮球游戏
2	（1）运球：原地和行进间运球 （2）投篮：原地单手投篮
3	（1）篮球游戏 （2）传、接球：原地双手胸前传、接球、反弹传、接球
4	（1）球感：行进间抛球、接球、耍球 （2）投篮：原地单手投篮、行进间投篮
5	（1）篮球游戏 （2）脚步移动：变方向跑
6	（1）运球：体前变向运球 （2）传、接球：行进间传、接球上篮
7	（1）投篮：原地单手投篮 （2）运球：体前变向运球上篮
8	（1）脚步移动：滑步、转身 （2）防守对手：防守体前变向运球上篮
9	（1）防守对手：抢、打、断球 （2）运球：后转身运球

续表

课次	教学内容
10	（1）运球：后转身运球 （2）教学比赛：半场比赛
11	（1）运球：后转身运球上篮 （2）教学比赛：半场比赛
12	（1）投篮：原地单手投篮 （2）教学比赛：半场比赛
13	室内理论课：篮球运动在中国的发展
14	室内理论课：篮球比赛主要规则介绍
15	室内理论课：篮球技术分析，播放一些时下热点比赛视频
16	考试

注：①该进度可根据学校自身场地器材条件、天气情况等，结合实际适当调整，室内理论课可根据天气情况调整课次。②身体素质内容可结合准备活动和技术练习来完成。

三、小学高级篮球课程教学进度

小学高级篮球课程教学进度与前一节的小学高级篮球课程教学大纲相对应，教学进度的内容与教学大纲内容基本一致。各学校可根据教学大纲的要求对本课程的教学进度进行调整。

小学高级篮球课程进度表

课次	教学内容
1	（1）篮球游戏 （2）球感：行进间抛球、接球、耍球

续表

课次	教学内容
2	（1）篮球游戏 （2）投篮：原地单手肩上投篮、行进间低手上篮
3	（1）球感：行进间的抛球、接球、耍球 （2）传、接球：原地单手肩上传球
4	（1）投篮：行进间低手上篮 （2）运球：体前变向、后转身运球上篮 （3）教学比赛：半场或全场比赛
5	（1）传、接球：行进间传、接球低手上篮 （2）防守对手：防无球 （3）教学比赛：半场或全场比赛
6	（1）持球突破：原地持球，交叉步突破上篮 （2）防守对手：防守体前变向、后转身运球低手上篮 （3）教学比赛：半场或全场比赛
7	（1）持球突破：原地持球，交叉步突破上篮 （2）抢篮板球：抢进攻篮板球 （3）教学比赛：半场或全场比赛
8	（1）攻防对抗：半场一对一 （2）基础配合：传切配合 （3）教学比赛：半场或全场比赛
9	（1）持球突破：在固定防守下持球交叉步突破上篮 （2）基础配合：传切配合 （3）教学比赛：半场或全场比赛
10	（1）抢篮板球：抢防守篮板球 （2）基础配合：侧掩护配合 （3）教学比赛：半场或全场比赛

续表

课次	教学内容
11	（1）攻防对抗：全场一对一 （2）基础配合：侧掩护配合 （3）教学比赛：半场或全场比赛
12	（1）投篮：原地单手肩上投篮 （2）攻防对抗：全场一对一 （3）教学比赛：半场或全场比赛
13	室内理论课：主要篮球赛事介绍
14	室内理论课：篮球基础战术配合分析
15	室内理论课：篮球主要裁判法介绍
16	考试

注：①该进度可根据学校自身场地器材条件、天气情况等，结合实际适当调整，室内理论课可根据天气情况调整课次。②身体素质内容可结合准备活动和技术练习来完成。

第三节 校园篮球课程教案

教案是教师设计的教学方案。篮球课程教案有两种类型，即实践课程教案和理论课程教案。这两种教案编写的基本内容和格式既有相同之处，又有所区别。本节只介绍篮球实践课程教案。

一、小学篮球实践课程教案的基本内容

1. 教学任务

依据培养目标的要求、教学进度的安排、教材内容的性质和学生的实际情况提出具体教学任务。提出的教学任务要有针对性，符合实际，能够全面体现篮球

教学在教育、教学方面的任务。

2. 教学内容

教学内容的安排应首先考虑基本部分的内容，要确定所教内容的先后次序，然后找出各内容的重点和难点、动作要领以及练习方法。

3. 组织教法

根据教学内容、学生的实际情况和场地器材条件等来选择篮球教学组织形式与教学方法。

4. 时间安排

课的各部分时间主要根据课的结构来安排。练习时间和次数的安排要根据具体内容在该部分所起的作用、对实现教学任务的影响以及各部分的时间来决定。

5. 运动负荷

根据教学进度和课的任务确定课的基本类型，设计学生的运动负荷安排。教案中要对运动负荷做出预计，通过练习的安排使运动量和强度反映出课的负荷高低节奏。

6. 见习生安排

对见习的学生要安排他们做一些力所能及的练习。对不能进行练习的学生要求他们协助教师做一些工作。

7. 场地器材

根据教学内容和学生实际人数，教师要计划上课所需要的场地、器材和用具，要充分利用现有的场地和器材，以便学生有更多的练习机会。

8. 课后小结

课后小结是对本次课的教学情况（包括教师的组织教法、学生掌握技术动作、战术配合以及学习态度等情况）进行总结。课后小结虽然是在每节课后完成的，但对于一份完整的教案来说是不可缺少的一部分。

二、小学篮球实践课程教案范例

教案的格式有多种，在教学实践中不必强求一致，应以切合教学实际、简便实用、有利于提高教学质量为原则，但主要的教法手段和措施必须明确。篮球实践课程教案大多采用的是表格式。

小学篮球课程教案范例

授课周次：第 5 周第 6 次　　授课对象：5 年级 3 班　　日期：10 月 25 日

教学任务：1. 学习体前变向技术动作，掌握动作方法。 2. 复习双手胸前传、接球技术，改进技术动作。 3. 教学比赛，提高学生运用技术的能力。 4. 培养学生不怕苦精神和协作精神。			

部分	时间	教学内容	负荷	组织教法与要求
准备部分	10分钟	一、课堂常规 （1）体育委员整队。 （2）检查服装。 （3）师生问好。 （4）教师宣布本节课的内容与任务。 （5）安排见习生。	小	组织：四排横队，密集队形，见图1。 图1 要求：学生在指定地点集合，背风、背阳光。

续表

部分	时间	教学内容	负荷	组织教法与要求
准备部分	10分钟	二、准备活动 （一）热身跑 如图2所示，学生两路纵队慢速绕球场慢跑4圈。	小	图2 要求：队伍整齐；跑步过程中禁止打闹、说话。
		（二）原地球操 四排横队，体操队形如图3所示。 (1) 胸前左右手快速指拨球。 (2) 左右手交替抛接球。 (3) 左右手交替持球振臂。 (4) 左右手交替持球展臂。 (5) 头、腰、膝持球绕环。 (6) 胯下绕"8"字交接球。 (7) 前踢腿腿下交接球。 (8) 前弓步地上前后滚球。 (9) 侧弓步地上左右滚球。	小	图3 要求：(1) 在教师口令指挥下认真做操，充分活动身体，达到热身活动的目的；(2) 教师领做示范，动作到位，口令清晰洪亮，有节奏感。

续表

部分	时间	教学内容	负荷	组织教法与要求
基本部分	30分钟	一、复习双手胸前传、接球 （一）教学任务 改进行进间双手胸前传球技术动作。 （二）练习方法 行进间传、接球上篮。 如图4所示，两人一组一球，行进间传、接球上篮，然后从另一侧传、接球回来。第一组练习过半场第二组开始练习。 二、学习体前变向运球 （一）教学目的 使学生初步掌握体前变向运球动作方法。 （二）教学步骤 （1）示范：教学队形如图5所示，教师示范并突出变向时拍按球的部位及跨步转体动作。 （2）讲解：以向左侧变向运球为例，变向时右手按拍球的右上方，把球从自己的右侧按拍到左侧前方，同时右脚向左前方跨出，换左手运球，加速前进。	中	图4 要求：（1）手脚协调，不带球跑； （2）注意传球落点要适宜。 图5 要求：（1）教师讲解，突出重点； （2）学生认真听讲。

·24·

续表

部分	时间	教学内容	负荷	组织教法与要求
基本部分	30分钟	（三）练习方法 （1）原地体前变向运球 如图6所示，每人一球原地运球，当听到教师信号时，右手向左侧拍球，同时右脚向左前方跨出，然后换左手运球。当再次听到教师信号时，左手向右侧拍球，左脚向右前方跨出，换右手运球。左右手交替练习。 （2）"之"字形体前变向运球 如图7所示，两路纵队，从端线开始，当听到教师信号，学生依次做体前变向运球练习，进一步体会动作。 三、半场教学比赛 男、女生分开，各占一个半场，男、女生队中各选出一名熟悉篮球规则的学生作为小裁判，分别进行半场分组比赛。	中 中	图6 要求：拍球的侧上部位，变向要换手。 图7 要求：变向时拍球部位正确，手脚配合协调一致。 教学比赛要求：（1）学生积极跑动，大胆运用技术；（2）教师在场上进行观看指导，及时发现问题进行纠正。

续表

部分	时间	教学内容	负荷	组织教法与要求
结束部分	5分钟	（1）放松练习。 （2）课后小结。 （3）整理器材。 （4）宣布下课。	小	组织：四列横队，半臂距离，如图8所示。  图8 要求：（1）放松练习要认真； （2）注意听教师的课后总结。
器材	篮球若干，障碍物若干。			
课后小结	（1）大部分学生传、接球技术完成很好，但有小部分学生传、接球有失误，掌握不好传球落点，动作不是很熟练，还需要多加练习。 （2）体前变向运球大部分学生还没有掌握好拍球部位，下次课还需要进一步改进。 （3）半场教学比赛学生很认真，积极性很高，对一些篮球规则也有了一定的理解。			

第三章　校园篮球课准备部分教学

校园篮球课前准备活动的目的：一方面在于热身，活动开关节韧带，保证在主课部分的运动安全性；另一方面在于调动学生的积极性，集中学生注意力，使其专注于将要进行的主课部分。

校园篮球课的准备活动，通常安排在课的开始阶段 10 分钟左右，主要有课前游戏和拉伸。通常先进行一些小的游戏，然后再做拉伸活动。

第一节 热身和球感练习

一、练习目的

课前热身和球感练习的主要目的在于提升体温,增加关节的活动范围和灵活性,保证主课部分的运动安全性,为主课部分的持球练习做好准备。

二、练习方法

（一）原地拉伸运动

练习方法：如图 3-1 所示，学生做以下徒手操。
①扩胸运动。　②振臂运动。
③体转运动。　④腹背运动。
⑤踢腿运动。　⑥压腿运动。
⑦跳跃运动。　⑧全身运动。

练习要求：动作幅度要大，动作规范，充分活动身体各关节。

（二）原地球操

练习方法：队形如图 3-1 所示，学生每人一球，做以下球操练习。
①胸前左右手快速手指拨球。
②左右手交替抛接球。
③左右手交替持球展臂。

图 3-1

④头、腰、膝持球绕环。
⑤胯下绕"8"字交接球。
⑥前踢腿腿下交接球。
⑦前弓步地上前后滚球。
⑧侧弓步地上左右滚球。

练习要求：充分活动身体各关节，手拿稳球，尽量不掉球。

（三）原地运球

练习方法：队形如图3-1所示，学生每人一球，做以下原地运球练习。
①高低运球。
②单手（左、右手）左右运球。
③左右手体前交替运球。
④单手（左、右手）前后运拉球。
⑤胯下绕"8"字运球。
⑥背后运球。
⑦双手双球高低运球。

练习要求：目视前方，降低重心，运球幅度要尽量大，集中注意力。

第二节　游戏活动

一、练习目的

准备部分的游戏活动，其练习目的在于调动学生积极性，集中学生注意力，使其专注于将要进行的主课部分。

二、练习方法

（一）初级

1. 集结号

练习目的：提高反应速度及脚步移动能力。

练习方法：学生在慢跑过程中，根据教师喊出的数字快速集结成一组，剩下未结成组的学生罚做5个蹲起。

练习要求：注意力要集中，反应要迅速。

2. 警察抓小偷

练习目的：训练脚步动作的灵活性，发展奔跑、躲闪等能力。

练习方法：如图3-2所示，在场地上画一个圆圈，并在圆圈上取三点，三点距离相等，将学生分为人数均等的甲、乙、丙三组，分别以纵队站在规定点外，面向圆心。每组第一名学生听到信号后进入圆圈，按游戏规定，甲追乙，乙追丙，丙追甲，每人在圆圈内既要设法追拍到对方，又要躲闪另一方的追拍，被追拍到的学生要排至对方队后，未被拍到的学生回原队。游戏以最后人数多的组为优胜。

练习要求：三名学生入圆圈进行追拍开始，其中一名学生被追拍到为止为一轮。

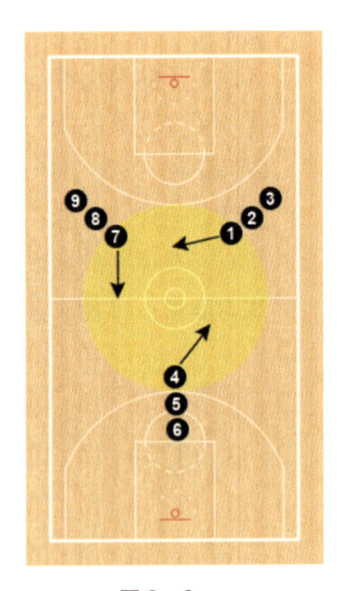

图3-2

3. 拉网捕鱼

练习目的：训练灵敏素质及反应能力，提高脚步动作的灵活性。

练习方法：如图 3-3 所示，一名学生出列，其他学生在全场范围内作为"鱼"，出列的这名学生开始抓"鱼"、结网，被抓到的学生必须与这名学生手拉手结网去抓其他的学生，直到所有学生都被抓住，结成一张大网为止。

练习要求："捕鱼"的学生必须手拉手去抓其他学生，不可以断开抓人。

4. 钻地道

练习目的：练习曲线变向跑技术，发展灵敏、速度素质。

练习方法：如图 3-4 所示，游戏开始时，每组的排尾学生手持一球，用快速的变向动作，绕过每一空隙到排头，然后用地滚传球的练习方法传给下一名排尾学生，随后做两臂侧平举动作与邻近学生手拉手，如此每名学生做一遍直至横队还原，先完成的组为胜。

练习要求：两臂必须侧平举，不能以高举而缩短间隔距离。另外，每名学生必须按规定通过每一空隙，违者重做。

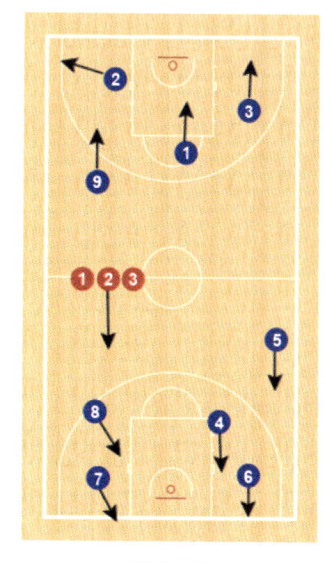

图 3-3

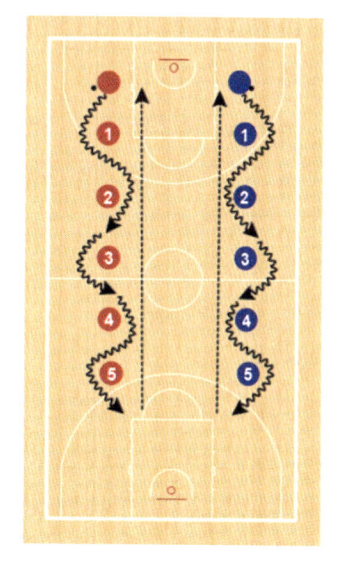

图 3-4

5. 神庙逃亡

练习目的：提高在快速移动中的急停、转身能力。

练习方法：如图3-5所示，学生分散站立于球场的边线和端线上，并按顺（或逆）时针方向快跑，后者抓前者，听教师鸣哨后马上急停转身，变为原来的前者抓原来的后者，再听哨声后又再次急停转身反追逐，如此反复进行。计算各人被抓住的次数，被抓住次数多者受罚。

练习要求：①全体参加游戏的学生必须沿球场的界线跑动，转角处亦然，不得跑成"圆圈"。②只有"抓住"对方才算有效。③凡犯规者必须退出比赛，直到下一轮开始才能重新参加。

图3-5

6. 顺风耳

练习目的：提高反应速度及脚步移动能力。

练习方法：学生两人一组，站于端线外教师的左右两侧，教师手持一球。游戏开始，两学生用滑步向前方移动，当学生前进10米左右时，教师将手中的球用力向地面击打并反弹，正在前滑步的两名学生听到球落地的声音时，迅速转身冲刺去抢球，抢到球者为胜。

练习要求：两名学生向前滑步移动时，速度要快，不得有意放慢速度。抢球时不得有推、拉等动作。

7. 吸铁石

练习目的：训练灵敏素质及反应能力，提高脚步动作的灵活性。

练习方法：如图3-6所示，把学生分成四人一组的若干组，余下的学生为追逐者（或指定几名学生担任追逐者）。四人成纵队，后面的学生拉住前面学生的衣服。游戏开始，四人一组可以在场内任意跑动，追逐者则设法抱住某组的最末一名学生的腰。如被抱住了，则该组排头学生为追逐者。在游戏进行过程中排头学生可以伸臂保护排尾学生不让其被抱住。

练习要求：①排头学生可以伸臂阻止追逐者，但不能采用推、拉、抱等动作，违者担任追逐者。②4人一组不得松手脱节，违者担任追逐者。③活动范围限于一个篮球场，跑出界线为违例。

8. 胯下头上传球接力

练习目的：提高学生的练习兴趣和积极性。

练习方法：如图3-7所示，把学生分成人数相等的A、B两队，两队第一名学生持一个球，当听到教师开始信号时，第一名学生从头上方把球交给后面学生，后面学生从胯下把球传递给下一名学生，下一名学生再继续从头上把球传给后一名学生，如此依次从头上、胯下传递球，最先完成的一队获胜。

练习要求：①每个学生必须保持在原地，不能移动。②前后两名学生必须依次传递球，不能隔着学生传递球。

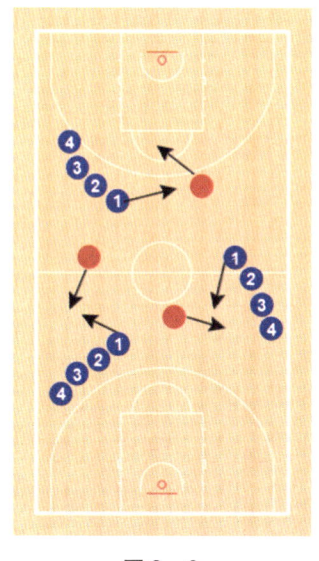

图3-6

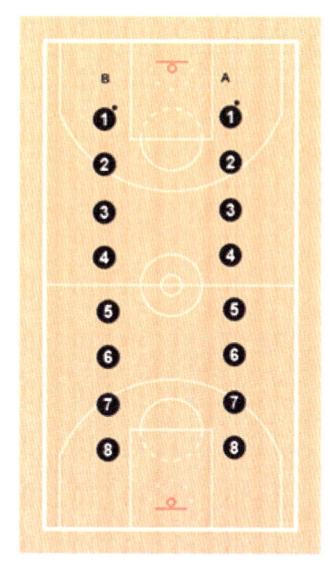

图3-7

（二）中级

1. 闪电快打

练习目的：提高快速传、接球的能力。

练习方法：如图3-8所示，把学生分为人数相等的两队，相互交错站成一个圆圈，每队各出一名学生手持一球背对背站立在圆圈中央。游戏开始，圆圈中的学生按同一方向传球给本队每一个学生，本队的每个学生接球后又把球回传给圆圈中的学生，连续进行。两队所传的球互相追赶，超越对方的队为胜。

练习要求：①圈中的学生只能在中圈内移动并逐一把球传给本队的学生。②任何人不得故意干扰对方传球，否则算失败。

2. 抢位

练习目的：训练移动迅速、抢占位置的能力。

练习方法：如图3-9所示，在场地上画一个大圆圈，直径大小按参加人数多少而定。先指定一名喊号的学生，其余学生分别均匀地站在圆圈上。在圆圈上的队员1、2、3报数，自己记住号数。喊号学生站在大圆圈中间叫号，被叫到同号的学生，必须离开原位并设法抢占他人的位置，喊号学生也趁机抢占一个位置，没有占到位置的学生就担任喊号人。在规定时间内，没有担任过喊号人的或者喊号次数少的学生为优胜者。

练习要求：①喊号后，被喊到号的学生必须离开原位去抢占他人的位置。②抢位时不得以推、拉等动作将已抢到位的学生推离位置而自己占据。

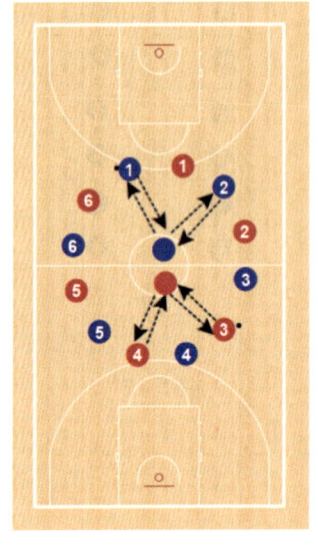

图3-8 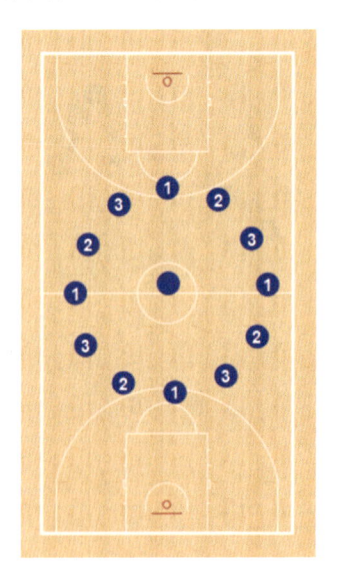　　　　　　　　　　图3-9

3. 控球王

练习目的：熟悉球性，提高运球基本技术。

练习方法：如图3-10所示，每名学生持一球在三分线以内运球，同时尝试把别人的球打出区域，球被打出三分区域的学生淘汰，当剩下5名学生时区域缩小至限制区，最后场地内剩下的学生为"控球王"。

练习要求：①不允许抱球跑和弃球跑，否则被淘汰。踩线或脚出界者被淘汰。②只能触碰其他学生的球，不允许击打身体部位。

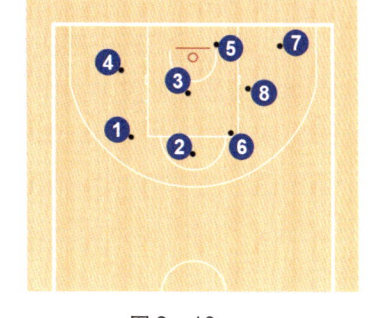

图3-10

4. 搬运工

练习目的：提高手递手传球能力、投篮能力及冲抢篮板球意识。

练习方法：如图3-11所示，每组5人，分别站在纵半场内等距离的5个点上，听到信号后，两组第一名学生从相异方向传球，球依次经过同组每个学生的手传到最后一名学生投篮，投完篮后冲抢篮板球，如未投中篮，在抢到篮板球的地方继续投，直到投中为止。然后再把球快速回传给第二名学生，并经每个学生的手传到最后一名学生投篮，反复来回进行，先完成10次投篮的组获胜。

练习要求：必须经每个学生的手依次传递球，必须投中篮。

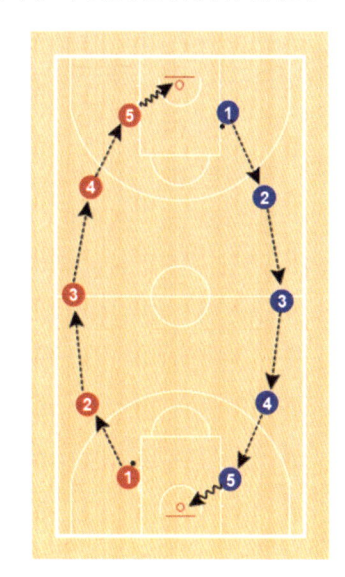

图3-11

5. 风火轮

练习目的： 培养快速反应中传、接球的能力。

练习方法： 如图3-12所示，把学生分成人数相等的两队，每队前3名学生手持1球，各站在一个圆圈内。教师发令后各队站在圆圈内的3名学生将球抛起，并沿逆时针方向迅速跑，跑到下一个圆圈内接住前面学生抛起的球，6个学生都接住球后教师再发令，继续进行。如有1名学生失误，则判给对方队得1分，并换同队的另外3名学生继续进行，最后得分多的队获胜。

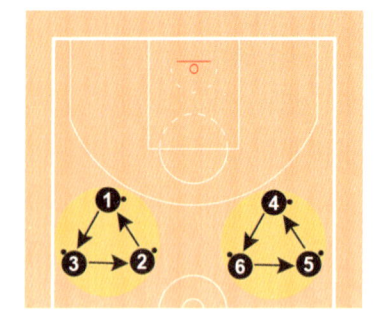

图3-12

练习要求： ①两队同时失误，都不得分。在圈外接住球无效。②应垂直向上抛球2~3米高，便于后面学生接球。

6. 织布机

练习目的： 提高快速传、接球能力。

练习方法： 如图3-13所示，在球场上划两条相距4~5米的平行线，把学生分为人数相等的两队，两队又分为相对站立的两组，每组站在两条标志线后面，其中一组排头的学生手持一球。游戏开始，①用双手胸前传球把球传给②，然后迅速跑到⑥后面排队。②接球后又迅速把球传给③，然后跑到⑤后面排队。如此依次进行，直到全队累加完成规定次数，先完成的队获胜。

练习要求： ①传球前不得踏线、越线，接球人的跑动必须在线后起动。②如果传、接球失误，必须重新开始计数，前面传球次数清零。

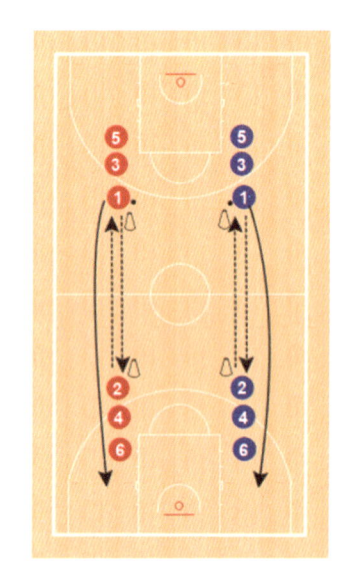

图3-13

（三）高级

1. 烫手山芋

练习目的： 提高快速传、接球的能力和躲闪的灵活性。

练习方法： 如图3-14所示，学生分为人数相等的两组，一组传球，一组防守，防守组一人盯一人防守，如果抢断球成功，便交换球权，进攻组变防守组，防守组变进攻组。先完成5次抢断球的组获胜。

练习要求：半场内进行。不许运球，不许抱球跑。

2. 追火车

练习目的：熟悉球性，提高运球能力。

练习方法：如图3-15所示，每人一球，沿半场的任何一条线运球跑，其中一名学生沿线运球追其他运球学生，被抓到的学生反过来运球继续去抓其他学生。

练习要求：①每一名学生必须沿线运球跑，追逐者也必须沿线运球追。②只许运球跑，不许抱球跑。

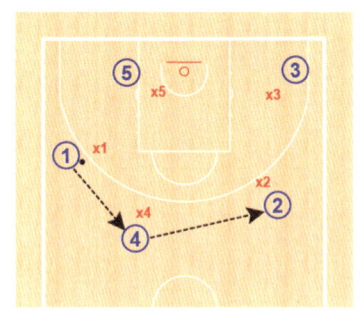

图3-14 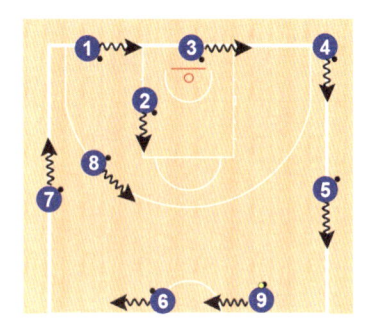　　　　　　　　　图3-15

3. 运球贴饼

练习目的：提高反应能力和控球能力。

练习方法：如图3-16所示，学生每人一球，两人一组相靠站立，如此形成一个圆。选出其中两人进行运球追逐，追逐者若摸到被追逐者，则两人互换。如果被追逐者运球跑到某一组的一人侧停住喊"贴"，则这一组另一侧的人即成为被追逐者。

练习要求：①追逐者与被追逐者必须运球跑，不许抱球跑。②在全场内进行追逐，被追逐者如果出界算被追到。

4. 分区传球比赛

练习目的：提高传、接球技术和配合意识。

练习方法：如图3-17所示，把篮球场分成四个区，全班分成两个组，每个区域由两组各派两名学生站在里面，每名学生只能在规定的区域内活动，不能超过界线。同一个区域内的两个同伴只有在相互传一次球后才能把球传到邻近的区域，同时对方的两名学生阻止传球。如果对方抢到球，就变为传球者，以同样方法进行练习。在规定的时间内，传球数量多的组获胜。

练习要求：①注意自己和队友的传球线路，积极与队友发声配合。②只能给相邻区域内的同伴传球，不能越区域传球。

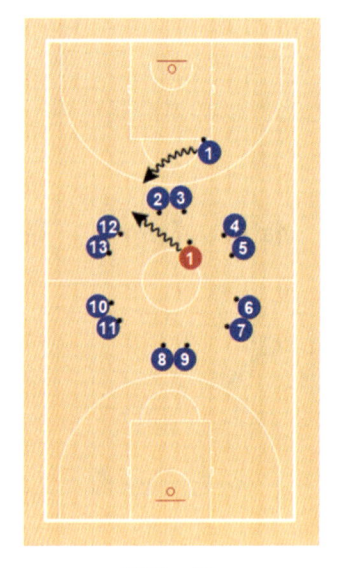

图 3－16 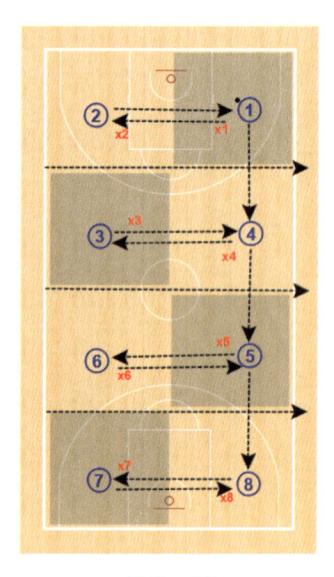　　　　　　　　　　　图 3－17

5. 稻草人

练习目的：提高控球能力。

练习方法：如图 3－18 所示，在半场内进行。每名学生持一球。游戏开始时，选定两名学生不持球，去追其他在半场内运球跑动的学生。当运球学生被抓到时，他必须站在被抓到的地方，两腿伸开，把球举过头顶不能移动。直到有其他运球的学生通过将球从他两腿之间穿过去，他即获得解救，就可以继续运球跑动。每隔几分钟换一次追逐者。

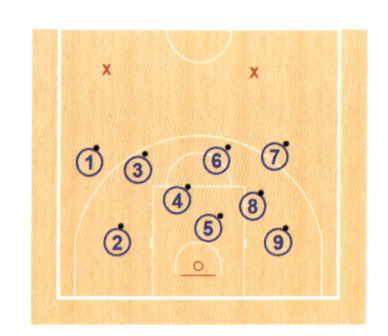

图 3－18

练习要求：①学生不得两次运球或有任何其他违例行为，否则就出局。②根据学生的数量，来确定追逐者的数量和游戏场地的大小。

6. 地滚球

练习目的：训练传接地滚球技术，提高配合意识。

练习方法：如图 3-19 所示，场地布置以一个篮球场作为"小足球"的场地，在限制区的两边和端线交界处放两个立柱作为球门柱。将学生分为人数相等的两个队，各队推派一名学生担任守门员站在球门区内。游戏从挑边开始，确定进攻队后，双方分别站在距中线 3 米左右位置，进攻一方以手代足相互传递地滚球，并设法射门得分，规定射门高度不得高过腰部，防守一方则设法阻截，争取获得球以守转攻。

练习要求：①只准传地滚球，不得运球或采用其他传球方法，不准抱球跑。发生以上情况判为违例，由对方掷边线球。②射进一个球得一分，得分后由对方在中场发球。在规定时间内得分多的队获胜。

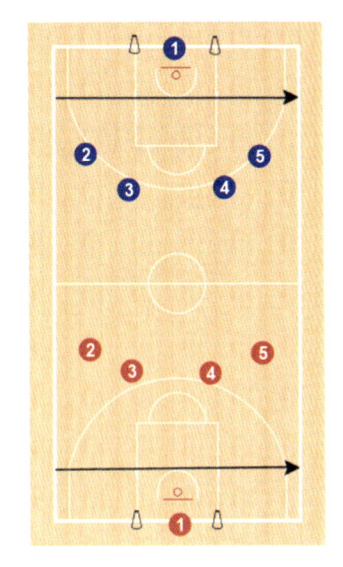

图 3-19

第四章　校园篮球课基本部分教学

第一节　运球技术教学

一、运球技术动作要领

(一) 原地运球动作要领

两脚前后开立，两膝微屈，上体微前倾，眼睛平视。非运球手臂屈肘平抬，以便保护球和维持身体平衡。运球时，手指自然张开，用手指和指根以上的部位及手掌外缘接触球（手心空出）。当球从地面反弹起来时，用屈前臂、伸手腕和手指的动作缓冲球向上反弹的力量，以控制球的反弹高度。在原地运球时，手按拍球的正上方；在行进间运球时，手按拍球的后上方，一般是按拍一次球，跑两步。

(二) 体前变向运球动作要领

以向左侧变向运球为例。变向时右手按拍球的右上方，把球从自己的右侧按拍到左侧前方，同时右脚向左前方跨出，换左手运球，加速前进。

（三）后转身运球动作要领

以右手运球为例。当对手靠近并堵截运球者右侧时，迅速上左脚并以左脚前脚掌为轴做后转身，右手按拍球的前上方，随着后转身动作，将球从右侧拉向身体的左后侧，然后换左手运球，加速前进。

二、运球技术练习方法

（一）初级

1. 原地运球

练习目的：掌握运球基本方法。

练习方法：如图 4-1 所示，学生每人一球，原地进行高运球、低运球和左右手体前交替运球练习。

练习要求：两腿弯曲重心下降，手要控制好球，左右手都要练习。

2. 行进间运球

练习目的：掌握移动中运球技术。

练习方法：如图 4-2 所示，学生每人一球，4人一排从端线开始向前直线运球到场地对侧端线。

练习要求：①拍球落点在身体前方，球的反弹高度在腰部位置。②弯曲手腕，用手指给球施力，不能用手心拍球。

图 4-1

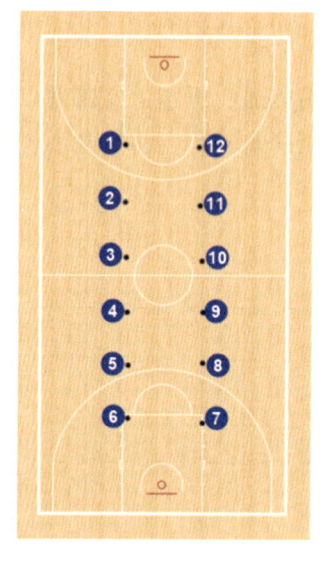

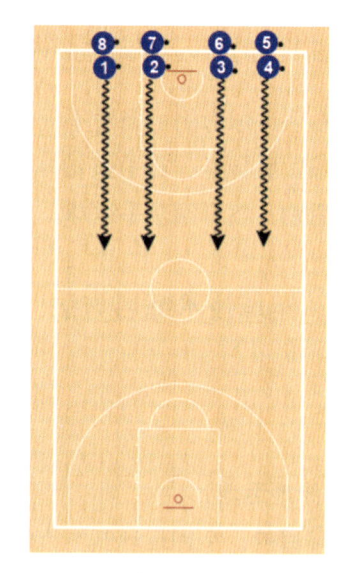

图 4-2

3. 急停急起运球

练习目的：提高学生的运球能力。

练习方法：如图 4-3 所示，4 人一排，从端线开始向前运球，运球 5 次后做急停运球 3 次，然后再起动向前运球 5 次，再急停运球 3 次。依次进行，一直做到对侧端线。

练习要求：保持抬头，眼看前方，急停运球时两腿要弯曲，重心下降。

4. 后退运球

练习目的：提高学生的运球能力。

练习方法：如图 4-4 所示，学生每人一球，4 人一排，从端线开始运球到中线，然后转身做后退运球到对侧端线。

练习要求：使用短小、快速的步法，后退运球注意保持好重心。

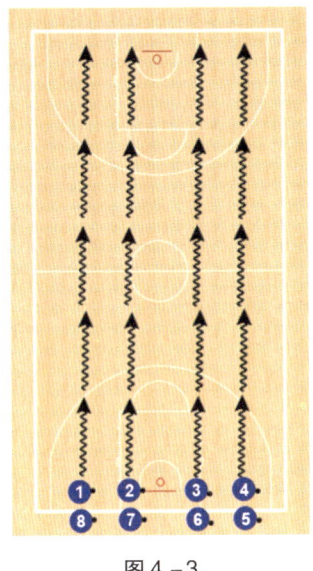

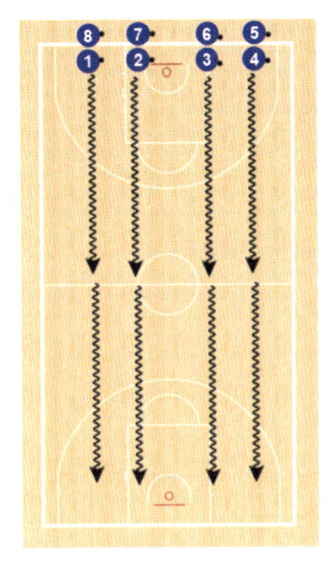

图 4-3　　　　　　　　　　　　图 4-4

5. 4 人追逐运球

练习目的： 提高双手（尤其是弱手）的运球能力，发展耐力素质。

练习方法： 如图 4-5 所示，在场内放 4 个标志物，4 名学生每人持一球站在标志物旁。当听到教师开始的口令时，每名学生同时用左手按顺时针方向从标志物外侧运球追赶其前面运球的学生。在练习一定时间后，教师再次发出口令，学生则改变移动方向按逆时针方向换右手运球进行追逐练习，反复循环练习。

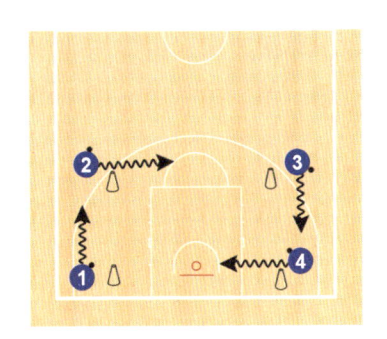

图 4-5

练习要求： 强调运用正确的运球技术和控球方法。

6. 运球接力赛

练习目的： 提高学习运球的积极性。

练习方法： 如图 4-6 所示，将全班分成人数相等的 3 个组，每组一个球。当听到教师的哨音后，3 个组的第一名学生开始向前运球，绕过障碍物后运球返回，将球交给第二名学生，第二名学生以同样的方法进行运球，依次进行运球接力比赛，先做完的组获胜。

练习要求：①必须要双手把球递交给下一名学生，不许传球。② 比赛结果最差的一组每个学生罚做5个俯卧撑。

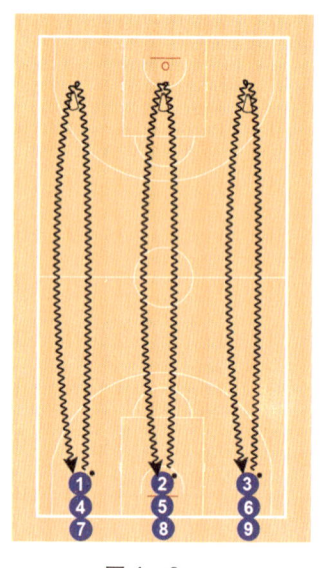

（二）中级

1. 原地各种运球

练习目的：提高球性以及手对球的控制力。

练习方法：如图4-7所示，学生每人一个球，原地进行单手体前左右运拉球、单手体侧前后推拉球和腿下绕"8"字运球练习。

练习要求：运球要有力量，控制好球。左右手交替练习。

2. 行进间交叉运球

练习目的：提高学生的运球能力。

图4-6

练习方法：如图4-8所示，学生每人一个球，4人一排从端线开始，以一步一换手的节奏双手体前交替运球到对侧端线。

练习要求：运球时尽量保持抬头，球要贴近身体，手脚协调配合。

图4-7

图4-8

3. 行进间体前变向运球

练习目的：掌握体前变向运球的动作方法。

练习方法：如图4-9所示，学生每人一球，4人一排从端线开始，做"之"字形的体前变向运球到对侧端线，然后再用同样方法运球返回。

练习要求：变向时要拍球的侧上方，并及时向变的方向跨腿。

4. 行进间后转身运球

练习目的：掌握后转身运球的动作方法。

练习方法：如图4-9所示，学生每人一球，4人一排从端线开始，做"之"字形的后转身运球到对侧端线，然后再以同样方法运球返回。

练习要求：转身向后拉球后迅速换手，转身时重心不要上下起伏。

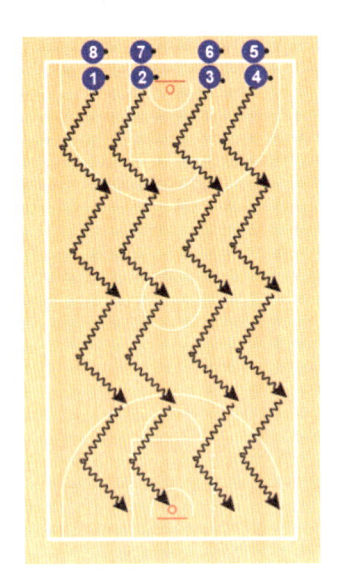

图4-9

5. 行进间运球捡网球

练习目的：培养学生移动中运球的手眼协调能力。

练习方法：如图4-10所示，在两侧45°三分线位置上放置两个锥形桶，同时三秒区两侧标志线中点处放置两个网球。学生从右侧45°三分线锥形桶处右手运球出发，做行进间体前变向换手运球，球运至左手的同时转体探肩用右手捡起球场右侧网球。随后左手运球至左侧45°三分线外，绕过锥形桶后继续做提前变向换手运球，球运至右手后转体探肩用左手捡起球场左侧网球，并运球回到右侧起点。

练习要求：捡球时两腿要弯曲，手眼协调配合。

6. 袭击运球

练习目的：提高运球中脚步快速移动能力及保护球的能力。

练习方法：如图4-11所示，学生每人一球，在半场内运球，指定其中两名学生为袭击者，袭击运球中的任何一名学生，谁的球被袭击者打掉，谁就变为袭击者，再去袭击其他学生。

练习要求：运球过程中要保护好球。

· 45 ·

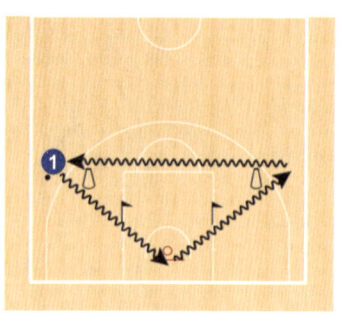

图 4-10

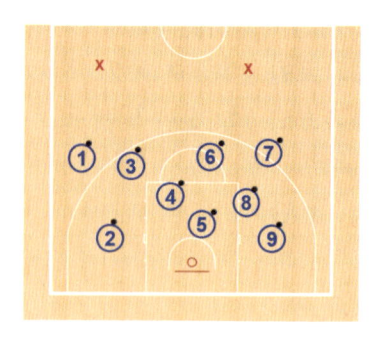

图 4-11

7. 全场左右手运球见线折返

练习目的：提高学生的控球能力和速度耐力。

练习方法：如图 4-12 所示，学生每人一球，4人一排，听到教师口令后迅速用右手运球从端线出发到罚球线，急停转身用左手运球返回到端线；急停转身用右手运球到球场中线，急停转身用左手运球返回到端线；急停转身用右手运球至前场罚球线，急停转身用左手运球返回到端线；急停转身用右手运球到对侧端线，急停转身用左手运球返回到端线，共 4 个来回。

练习要求：必须按规定的运作路线运球，在折返时脚要踩到线。

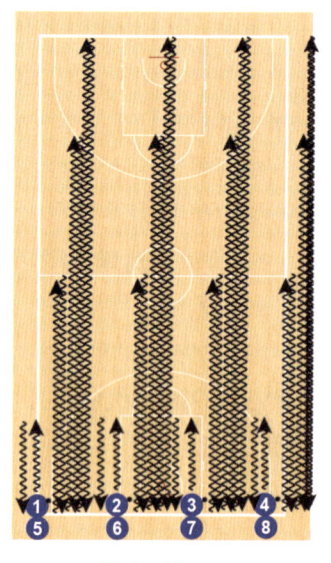

图 4-12

（三）高级

1. 原地双手运两球

练习目的：提高双手对球的控制能力。

练习方法：如图 4-13 所示。

①共同运球：在体前双手同时上下运球。

②上下运球：在体前左右手上下交替运球。

③交叉运球：在体前将两个球分别从一只手交换到另一只手。

④内外运球：在体前双手同时向内向外运球。

⑤前后推拉运球：双手在体侧同时进行向前向后推拉运球。

⑥胯下运球：左手在体前把球从左侧拍到右侧，同时右手拍球将球从两腿间穿过到左侧，左手接右侧的球，右手侧接左侧的球。

练习要求：控制好球，左右手协调配合。

2. 跑动中双手运两球

练习目的：提高左右手的控球能力。

练习方法：如图 4-14 所示，4 人一排，每人两球，在端线向对侧端线进行以下各种运球练习。

①"Z"字形运球。

②直线向前—急停—向前运球。

③直线向前—后退—向前运球。

④直线快速—慢速—快速运球。

⑤"Z"字型转身运球。

练习要求：注意正确的运球姿势，双手协调配合，眼睛尽量不要看球。

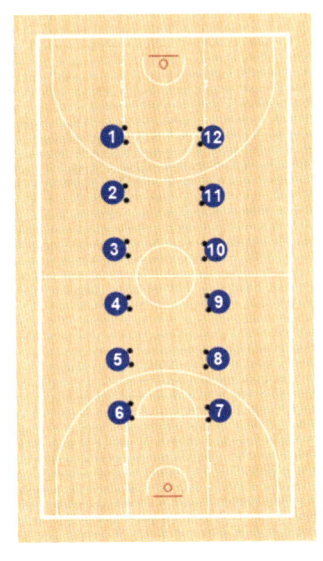

图 4-13

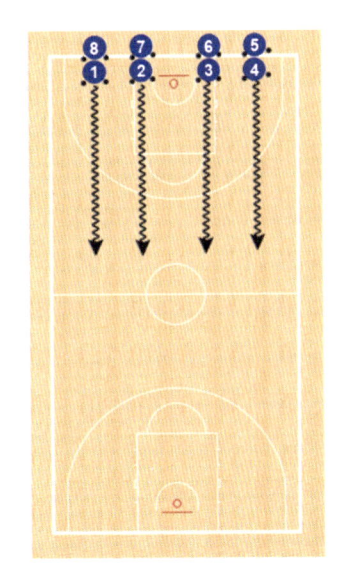

图 4-14

3. 运球—接球—顺步（交叉步）突破组合运球

练习目的：掌握运球—急停接球—突破的衔接技术。

练习方法：如图4-15所示，学生4人一排，每人一球，由端线同时运球出发，运球4次后将球抛起然后急停接球，接球后做1次前转身动作，然后向右侧做顺步突破运球。运球4次后将球抛起然后急停接球，接球后做1次后转身动作，然后向左侧做交叉步突破运球。依次练习到对侧端线。

练习要求：技术衔接要连贯，手脚协调配合。

4. 争王运球

练习目的：提高学生在对抗中保护球的能力。

练习方法：如图4-16所示，5名学生一组，每人持一球站在3秒区内。当听到教师口令后，5名学生同时开始运球，在保护好自己球的同时，争取把别人的球打出3秒区外。当自己的球被别人打出3秒区外后，即被取消继续练习的资格，离开3秒区，进行全场往返冲刺跑（10秒内完成）。直到3秒区内只剩下最后一名学生，练习结束。再换另外5人练习。

练习要求：运球时随时观察其他学生的位置，同时要保护好自己的球，提高攻击与防范的警觉性。

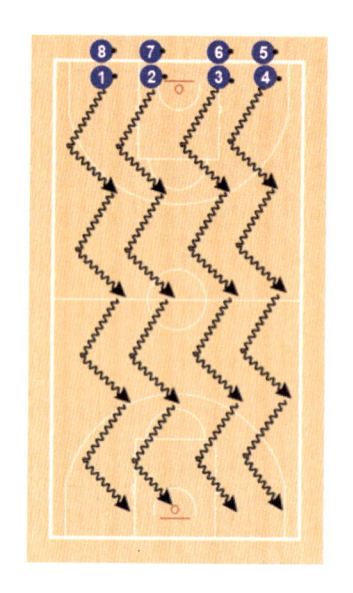

图4-15

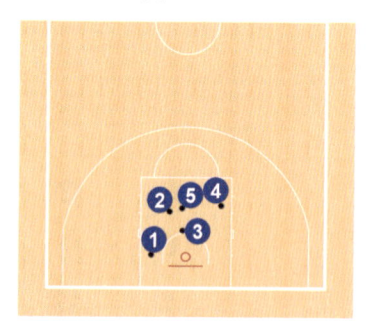

图4-16

5. 全场一对一攻防运球

练习目的：提高在有防守下运球的能力。

练习方法：如图4-17所示，两人一组，一人进攻一人防守。练习时，进攻一方运用各种运球技术向前场运球，防守一方进行积极防守，切断其运球路线并企图抢断球。如果进攻一方摆脱防守，则快速运球上篮，当进攻一方投进篮或防守一方抢到篮板球时练习结束。然后两名学生交换攻防位置，练习返回。

练习要求：运球一方要保护好球，用各种运球技术摆脱防守一方；防守一方要用正确的防守姿势和防守脚步防守对方，但不能犯规。

6. 双手运两球接力赛

练习目的：提高左右手的运球能力

练习方法：如图 4-18 所示，将全班学生分成人数相等的两个组，每组两个球，当听到教师的哨音后，两组的第一名学生开始双手向前运球，绕过锥形桶后运球返回，交给第二名学生，第二名学生以同样的方法进行运球，依次进行运球接力比赛，先完成的组获胜。

练习要求：必须双手运球，不许抱球跑；比赛输的一组每个学生罚做 5 个俯卧撑。

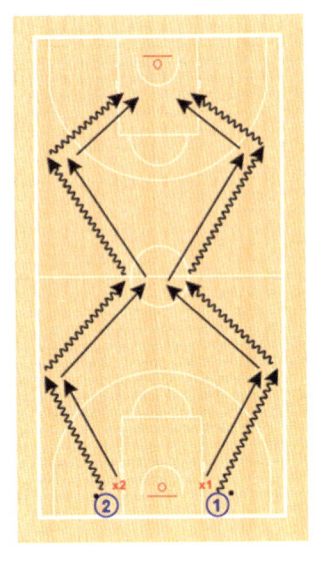

图 4-17

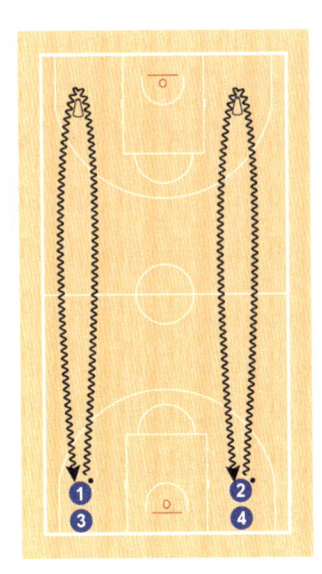

图 4-18

第二节　传、接球技术教学

传球、接球是篮球运动的重要技术，是实现战术配合的具体手段。

传球是将球越过防守人传给同伴，传球应有一定的目的性。传出的球要既能安全地让同伴接住，又能为同伴接球后顺利地完成下一个攻击动作提供条件。传、接球技术必须快速隐蔽、及时到位，这样才能打乱对方的防御部署，创造更多、更好的投篮机会。

传球方式虽然很多，但任何一种方式都是全身协调用力，最后通过手腕、手指动作完成。特别是运用较多的中远距离传球，主要靠手臂前伸，手腕、手指用力。手腕、手指用力是传球的关键动作。

接球分双手接球和单手接球两种。不论哪一种接球，眼睛都要注视来球，肩臂放松，手臂半屈迎向来球，手指自然放松分开。当手指触球时，手臂立即随球后引缓冲来球力量，将球持于胸前，保持身体平衡，并做好投篮、传球、突破的准备。

一、传、接球技术动作要领

（一）传球动作要领

1. 双手胸前传球

双手胸前传球是最基本的传球方式，在任何位置都可以使用这种传球方式。传球前，双手张开持球于胸前，双肘自然下垂靠近身体；传球时，两臂向前伸出，同时两拇指下压将球传出。

2. 双手击地传球

双手击地传球通常是传球给向篮下切入的同伴。传球方法与双手胸前传球基本相同，传球的路线是前下方，球击地点一般是距离接球同伴三分之一的地方，通过击地反弹将球传给同伴。

3. 单手肩上传球

单手肩上传球一般用于长距离的长传球。右手肩上传球时，右手举球到右耳旁边的位置，然后利用腰腹力量带动手臂向前方伸出，手腕下压的同时将球传出。

（二）接球动作要领

接球时，两眼注视来球，两臂伸出迎球，两手拇指相对呈"八"字形，其余手指向前上方自然分开，两手呈一个半圆形。当手指触球后，两臂随球后引缓冲来球的力量，两手持球于胸腹之间，保持身体的平衡，做好传球、投篮或突破的准备。注意要用手掌指根以上部位去接球，而不是用掌心接球。

二、传、接球技术练习方法

（一）初级篮球课程传、接球技术的练习方法

1. 原地传、接球

练习目的：掌握传、接球的动作方法。

练习方法：如图4-19所示，两人一组一球，相距3米左右，交替进行双手胸前传、接球和双手击地传、接球练习。

练习要求：保持正确的站立姿势，传、接球手法正确。

2. 五角传球

练习目的：掌握传、接球的动作方法。

练习方法：如图4-20所示，5人一组站成五角形，①传球给③，③传球给⑤，⑤传球给②，②传球给④，④传球给①，如此反复的练习。先进行双手胸前传、接球练习，练习一段时间后再进行双手击地传、接球练习。开始练习先用一个球，熟练后可用两球同时进行练习。

练习要求：传球手法正确，接球后身体转向传球方向。

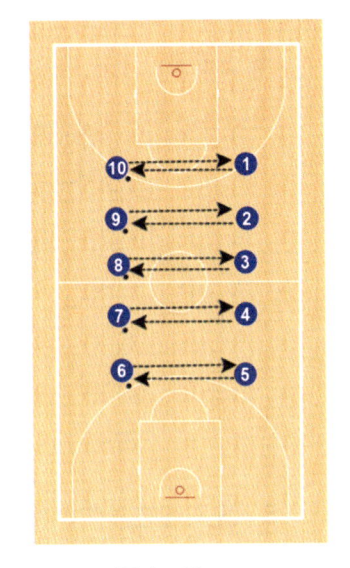

图4-19

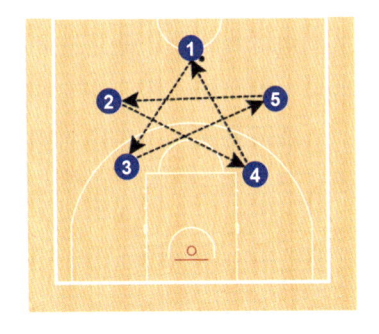

图4-20

3. 三角传、接球

练习目的：掌握不同方向的传、接球方法。

练习方法：如图4-21所示，分三路纵队站立，进行①传球给②后跑到②队尾，②传球给③后跑到③队尾，③传球给④后跑到④队尾，依次进行练习。先进

行双手胸前传、接球练习,练习一段时间后再进行双手击地传、接球练习。

练习要求:传球到位,传球后再跑动;接球要稳。

4. 上步接球急停—传球

练习目的:掌握上步接球急停接、传球组合动作。

练习方法:如图4-22所示,学生排成一路纵队,①持球面对学生站立。练习开始,②上步接①传来的球,做急停后,再回传给①,然后跑到队伍的后面排队;③上步接①传球再回传给①,依次反复练习。传一定次数后,其他学生轮流替换①。

练习要求:上步接球手法正确,接球后急停要平稳;传球力量要柔和。

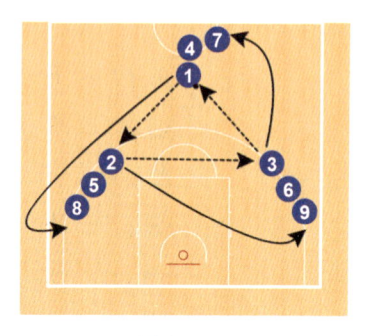

图4-21 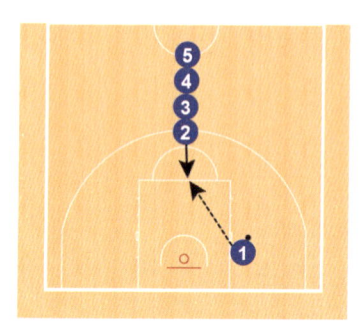　　　　图4-22

5. 两人行进间传、接球

练习目的:掌握移动中传、接球的动作方法。

练习方法:如图4-23所示,学生两人一组一球,从场地端线开始,做行进间双手胸前或双手击地传球至另一侧端线,然后再按原路线练习返回。

练习要求:注意传球的落点,手脚配合协调;开始练习时速度稍慢,逐渐加快速度。

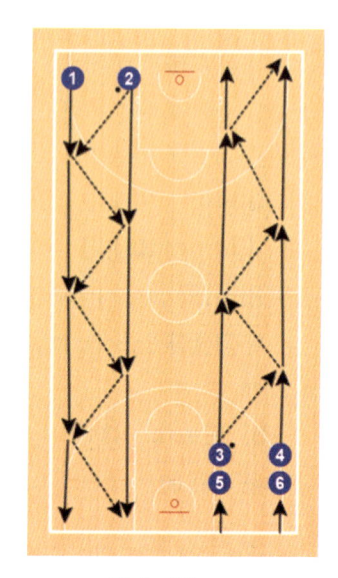

(二) 中级

1. 移动中接前、后、左、右的球

练习目的:提高学生移动接球能力。

练习方法:如图4-24所示,学生两人一组一球,面对面站立,其中一人向前、后、左、右传球,另外

图4-23

一人根据球的位置移动接球并回传。练习一定次数后两人交换传、接球。

练习要求：要判断好来球方向，可以使用交叉步接球，接球后迅速回传球。

2. 原地传、接不同方向的球

练习目的：提高传、接球能力。

练习方法：如图4-25所示，5人一组两个球，①、②各持一球，依次传球给③。③接①传球后迅速传球给⑤，当③刚把球传给⑤时，②立即将另一球传给③，③接球后传球给④，④、⑤把球回传给①、②，依次反复练习。完成规定练习时间或次数后轮换位置练习。

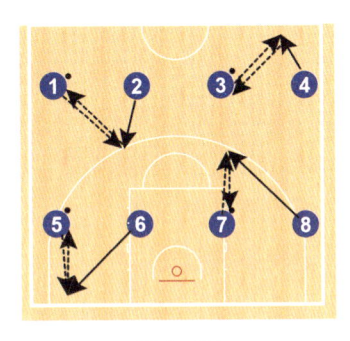

图4-24

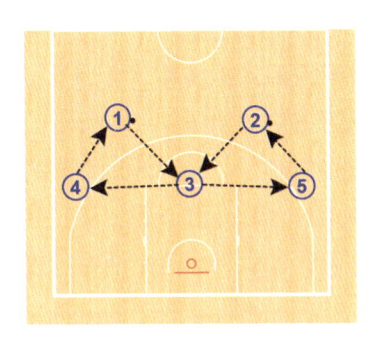

图4-25

练习要求：①和②传球给③的速度由慢到快，③向④、⑤传球时不要转头，用眼睛的余光观察传球目标。

3. 插中换位传、接球

练习目的：提高行进间传、接球能力。

练习方法：如图4-26所示，5人一组一球。开始由⑤传球给①，⑤到①位置。①接⑤传球后把球传给②后插中到⑤位置接②回传球，①再把球传给②，②接球后传给③，然后与①换位，依次反复练习。

练习要求：插中接球移动要快，接球要稳；传球到位。

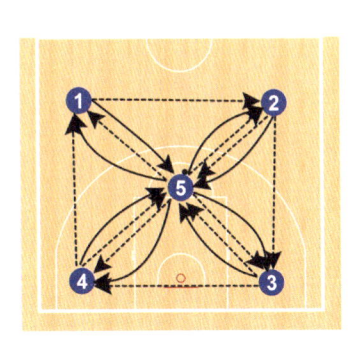

图4-26

4. 圆圈追传

练习目的：提高传球的速度及应变能力。

练习方法： 如图4-27所示，在场地上画一个半径为4～5米的圆圈，学生站在圆圈上，保持1米左右的间隔，人数为双数。站在中线上的两名学生③和⑧各持一球，教师站于圆心发信号。游戏开始，持球学生根据教师的信号，即举左手，向左传球；举右手，向右传球。如此传球一定时间，看是否出现两个球集中传给一名学生。如果出现一名学生接到两个球，则该学生在游戏结束后罚做一个全场来回冲刺跑。

练习要求： 注意力集中，随时准备改变传球的方向；传球速度要快，用眼睛余光观察传球目标。

5. 三人传球上篮

练习目的： 提高移动中传、接球能力。

练习方法： 如图4-28所示，3人一组全场传、接球上篮。持球的学生①将球传给边路的②，②接到球后回传球给①，①再传球给③；③回传球给①，如此依次传球推进至对面篮下并上篮，然后以同样的方法再练习返回。

练习要求： 传球落点准确，接球学生拿稳球，手脚协调配合。

图4-27　　　　　　　　　　图4-28

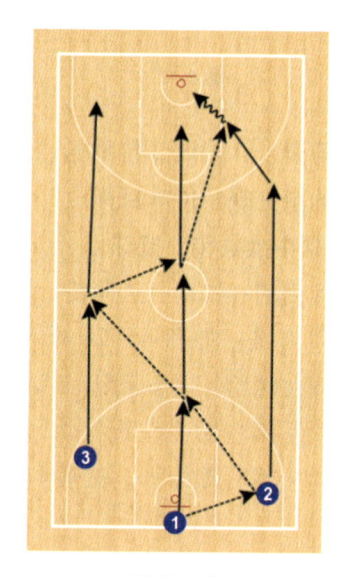

6. 传、接球上篮比赛

练习目的：提高快速运球上篮技术和上篮的准确性。

练习方法：如图4-29所示，学生分成两组，每组一球，各在两个半场上进行传、接球上篮比赛。②传球给①，①再传球给②，②接球后上篮，①抢篮板球传给④，然后到⑥后面排队，②投完篮到⑤后面排队。④传球给③再接③的回传球后上篮，依次进行。每组投进10个球，先投完的组获胜。

练习要求：投篮不进不能补篮；输的组每人罚做10个蹲起。

（三）高级

1. 原地单手肩上传球

练习目的：掌握单手肩上传球技术动作。

练习方法：如图4-30所示，学生分成两列，相距8米左右站立，两人一组一个球，进行单手肩上传、接球练习。

练习要求：传球动作规范，上下肢协调用力。

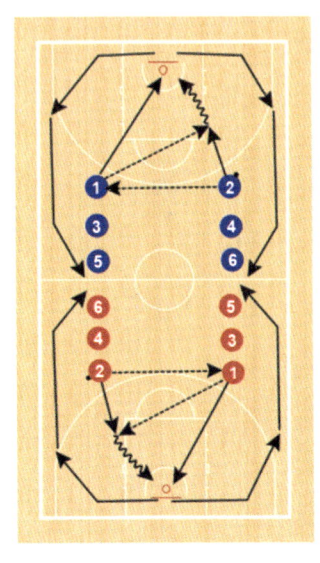

图4-29

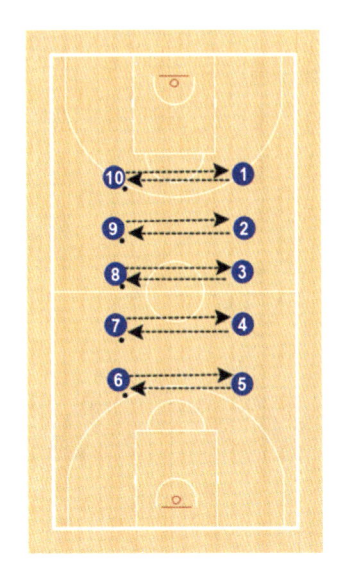

图4-30

2. 四角传球

练习目的：提高快速移动换位传、接球的能力。

练习方法：如图4-31所示，学生分成4组，站在四角。①持球传向③，并以弧线的形式跑向对角，③在①跑到自己的面前时将球传给①，①接球后再向前传给⑤并跑到⑤的队尾；③传球后从①身后向对角以弧线的形式跑动，③跑到⑤的面前时接⑤的传球，并将球向前传给⑦，然后跑到⑦的队尾，⑦接球后将球传给⑤并从⑤的后面以弧线的形式跑向对角，⑤将球传给②并跑到②的队尾，②将球传给⑦后以弧线的形式跑向对角，⑦将球传给④，并跑到④的队尾，④再将球传给②，依次进行。

练习要求：跑动路线要清楚，传球要到位，接球要稳。

3. 诱惑传接

练习目的：提高学生的反应能力。

练习方法：如图4-32所示，4人一组，每人一个球。①使用胸前传球方式向任意学生传球，球传给谁，谁就要立即将手中的球用击地传球的方式传给①，依次进行练习。①可以运用传球假动作诱使其他学生传球出错，谁出错谁替代①的位置，继续练习。

练习要求：注意力集中，减少传球出错。

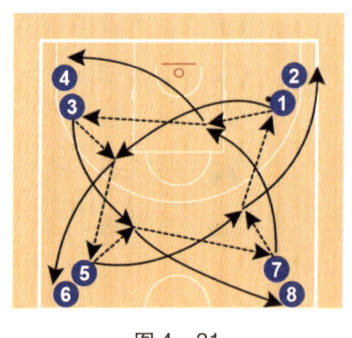

图4-31 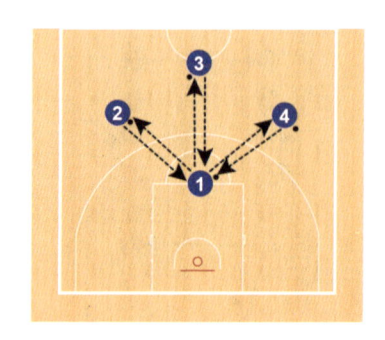　　　　　　　　　　图4-32

4. 全场绕"8"字传球上篮

练习目的：提高快速跑动中传、接球和上篮能力。

练习方法：如图4-33所示，①传球给②，然后快速从②的后面绕过向前跑，②传球给③并绕③的后面向前跑，③传球给①并从①的后面向前跑，依次进行并上篮，然后以同样的方式练习返回。

练习要求：传球到位，人到球到，传球以后加速向前跑。

5. 长传球接球上篮

练习目的：提高长传球技术的运用能力。

练习方法：如图4-34所示，学生分成两组，篮下站立的组每人一球。练习开始时，蓝①运球至弧顶处，然后运用单手肩上传球或双手胸前传球给向篮下切入的红①，红①接球后运球上篮，然后抢篮板球。蓝①传完球后快速跑到前场罚球线附近接红①的传球，然后运球上篮。红①到蓝组后面排队，蓝①到红组后面排队。蓝②红②以同样方法继续练习。

练习要求：传球要做到人到球到，接稳球后再运球上篮。

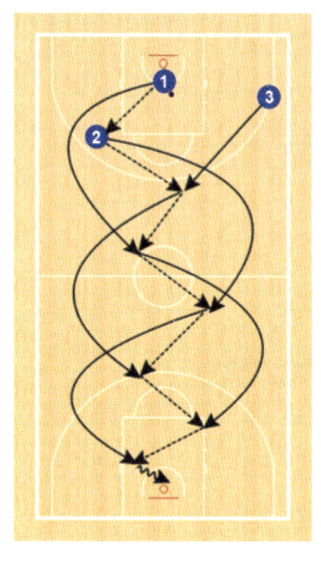

图4-33 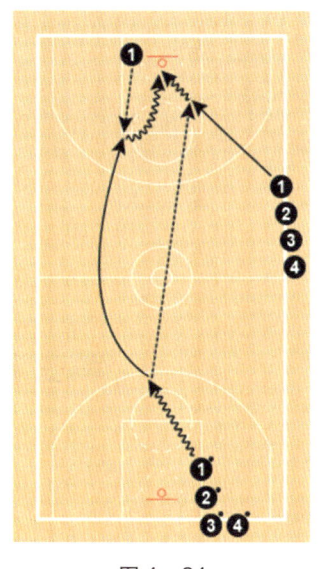　　　　　　　　　图4-34

6. 有防守的传、接球

练习目的：提高有防守情况下的传、接球能力。

练习方法：如图4-35所示，学生分成人数相等的两组，在半场内进行。一组在半场内跑动传、接球，另外一组学生做防守抢断球。如果球被抢断，两组交换，防守组变为传球组，传球组变成防守组。

练习要求：传球组学生只能传球，不能持球跑；防守组学生积极抢断球。

7. 全场 5 对 5 传、接球

练习目的：提高实战过程中传、接球的能力以及防守对手传、接球的能力。

练习方法：如图 4-36 所示，学生分成两队进行全场 5 对 5 练习，只允许半场阵地进攻及防守。进攻队必须在前场进行 5 次传、接球后才能发起进攻；在此期间，防守队要积极防守争取抢断球。如果防守队抢断球成功，则推进到本队的前场进行半场进攻，同样也必须进行 5 次传、接球后才能发起进攻。

练习要求：传球前要判断准确，防止传球失误；防守队员积极抢断球。

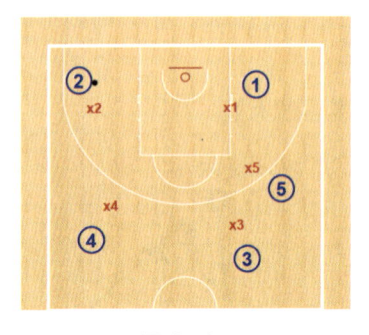

图 4-35 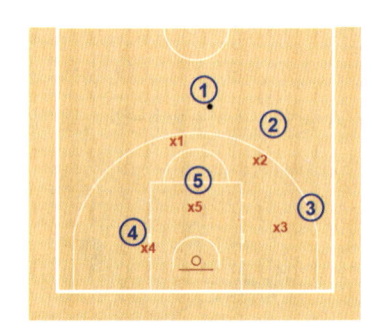　　　　　　　　　　　　图 4-36

第三节　投篮技术教学

投篮是在比赛中运用各种专门、合理的动作将球投进对方篮筐的方法。投篮是篮球运动中的一项重要技术，是唯一的得分手段。进攻队运用各种技术、战术的目的，都是为了创造更多、更好的投篮机会并力求投中得分；防守队积极防御都是为了阻挠对方投篮得分。随着篮球技术水平的提高，投篮技术也呈现出出手部位由低到高、出手速度由慢到快、投篮方式越来越多、命中率不断提高的特点。

一、投篮技术动作要领

（一）单手肩上投篮动作要领

以右手投篮为例。右手持球于右肩上方，左手扶球的左侧，上臂与肩关节约成水平或稍高于肩关节，前臂与上臂约成90°。两脚前后或左右开立，两膝微曲，重心落在两脚之间，眼睛注视瞄篮点。投篮时，两脚蹬地发力，腰腹伸展，右臂向前上方伸直，手腕前屈，食、中指拨球，通过指端将球投出。球出手时，身体随投篮方向伸展，两脚跟稍抬起。

（二）三步上篮动作要领

三步上篮动作要领可用"一大、二小、三跳"六个字来概括。以右手投篮为例，右脚跨出一大步（一大）的同时拿球，左脚接着跨出一小步（二小）并用力蹬地起跳（三跳），同时双手向前上方举球。当身体接近最高点时，左手离球，右手掌心向上托球，并向球篮的方向伸直，接着屈腕，食、中指拨球将球投出。

二、投篮技术练习方法

（一）单手肩上投篮练习方法

1. 初级

（1）投篮持球手法

练习目的：掌握正确的投篮持球手法。

练习方法：学生成体操队形站立，每人一球，做单手肩上投篮持球姿势，教师逐一纠正。

练习要求：五指自然张开，持球在肩上，另一手扶球的一侧。两脚前后开立，两膝微屈。

（2）原地模仿投篮

练习目的： 体会投篮时手指拨球动作及投篮的用力方法。

练习方法： 如图4-37所示，学生每人一球，先做好投篮准备姿势，当听到教师口令后，两脚蹬地，向上伸臂，随后屈手腕，手指拨球将球向空中投出。教师随时观察学生的动作，发现问题及时纠正。

练习要求： 持球手法要正确，全身用力协调，手指要拨球。

（3）两人对投

练习目的： 体会完整的投篮动作方法。

练习方法： 如图4-38所示，学生两人一球，相距4~5米面对面站立，互相向对方进行投篮练习，体会投篮动作。

练习要求： 做好投篮准备姿势，投篮时手臂向前上方伸出。

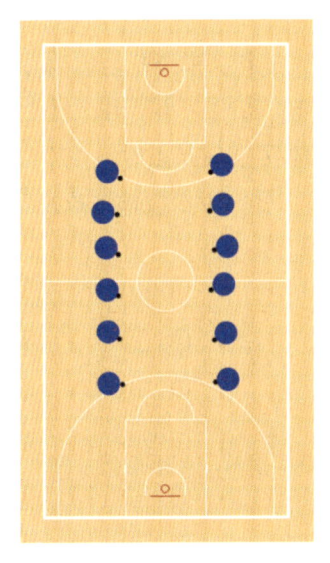

图4-37

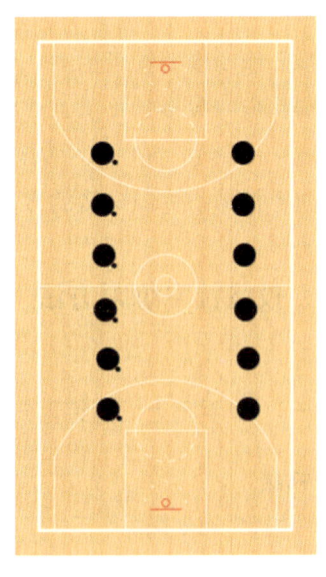

图4-38

（4）近距离投篮

练习目的：掌握正确的投篮手法。

练习方法：如图4-39所示，学生分成两组、排成一路纵队分别在两个半场上练习。学生在罚球线前半米处依次投篮，投完篮后自抢篮板球，传球给同组下一名学生，然后排到队尾；动作基本掌握后向后退一步再进行投篮练习；动作熟练以后，再到罚球线上投篮。这样使学生逐步形成正确的动作定型，掌握规范的投篮动作。

练习要求：投篮时要求两脚蹬地，手臂向篮筐方向伸出，手腕下压，手指拨球，动作连贯协调。

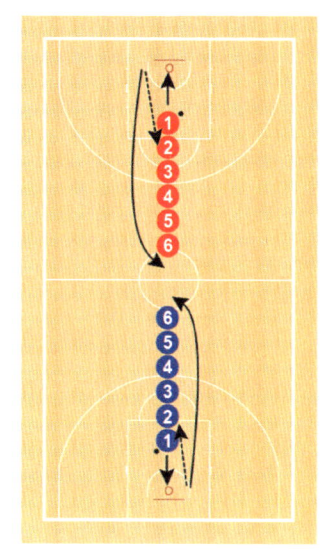

图4-39

（5）三点投篮

练习目的：掌握不同角度的投篮方法。

练习方法：如图4-40所示，每组一球，分别站在距篮筐约5米的3个投篮点上依次投篮，投完篮后自己抢篮板球传给同组的下一人，然后按顺时针方向到另一组的后面排队，依次练习。

练习要求：投篮动作要正确，注意不同角度投篮的瞄篮点。

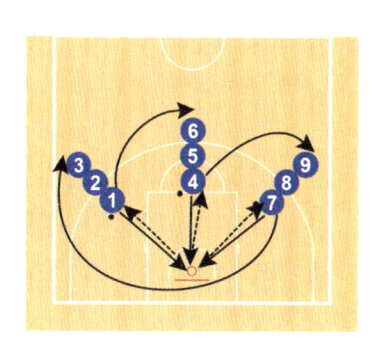

图4-40

(6) 投篮比赛

练习目的：提高投篮练习的积极性。

练习方法：如图4-41所示，每组一球，各组学生在罚球线前半米的地方依次投篮，投完篮后抢篮板球传给同组的下一名学生，然后排到队尾。两组间进行比赛，先投中10个球的一组为胜，输的组每人罚5个蹲跳。

练习要求：提高投篮命中率，投完篮捡球要快。

2. 中级

（1）分组投篮

练习目的：巩固投篮技术动作，提高投篮命中率。

练习方法：如图4-42所示，全班分成4组，每组一球，分别在两个半场的罚球线上练习。①投篮后自抢篮板球传球给③，然后跑到③队尾排队；②投篮后自抢篮板球传球给④，然后跑到④队尾排队。各组依次进行投篮练习。

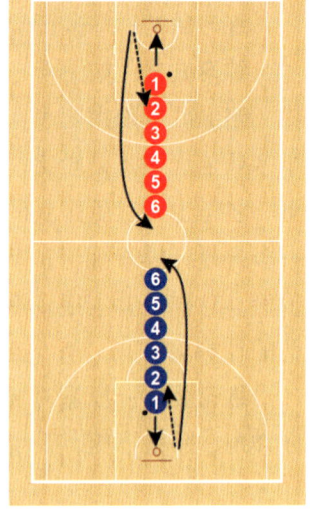

图4-41

练习要求：投篮动作正确，投完篮要快速冲抢篮板球。

（2）运球急停投篮

练习目的：掌握运球与投篮组合技术。

练习方法：如图4-43所示，学生分成两组，每人一球，在两个半场进行练习。学生依次运球到罚球线附近急停拿球，然后单手肩上投篮。投完篮后捡篮板球运球到对侧队尾排队。

练习要求：运球急停要稳，不走步；停稳后再投篮。

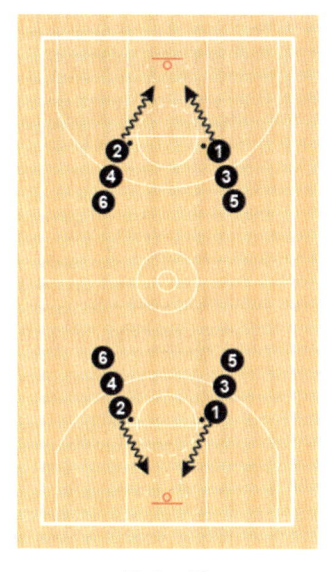

图 4-42

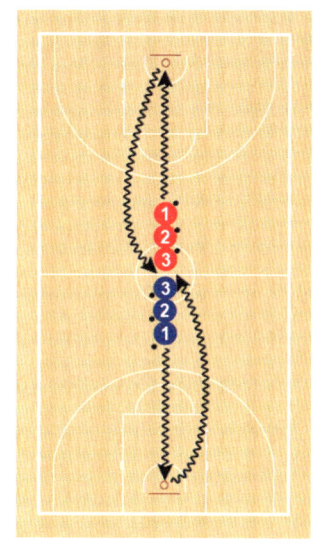

图 4-43

(3) 接球急停投篮

练习目的：提高接球和投篮的衔接技术。

练习方法：如图 4-44 所示，学生分成两组在端线成两路纵队站立，第一名学生不拿球，其他学生拿球。第一名学生上提至罚球线附近，接另一组学生的传球后急停投篮，并冲抢篮板球，然后到对侧组队尾排队。另一组的学生以同样的方法跑到罚球线附近，接对侧组学生的传球后急停投篮，并冲抢篮板球，然后到对侧队尾排队。两组依次轮转进行练习。

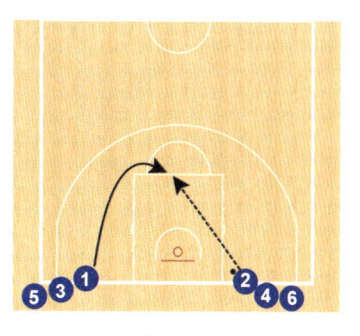

图 4-44

练习要求：传球要掌握好时机，做到人到球到；接球和投篮衔接要连贯。

3. 高级

(1) 向两侧 45°移动接球投篮

练习目的：提高移动中接球投篮技术。

练习方法：如图 4-45 所示，学生排成一列，第一名学生不拿球，后面的学生每人一球，（以向左为例）第一名学生向左侧身跑至距离篮板约 4~5 米、与球篮呈 45°角处，接第二名学生的传球后投篮，自抢篮板球；第二名学生在传出球后，向右侧身跑至距离篮板 4~5 米、与球篮呈 45°角处，接第三名学生的传球后投篮；第三名传出后再向左侧身跑，依次进行。投完篮后自抢篮板球到队尾排队。

练习要求： 向篮下移动时要侧身跑，眼睛看着球；接球急停投篮步法要清楚，不走步。

（2）摆脱接球投篮练习

练习目的： 掌握摆脱接球投篮方法。

练习方法： 如图 4-46 所示，学生分成两组，①不持球，其他学生各持 1 球。①向篮下做摆脱防守，然后接②的传球投篮，②传完球后做摆脱防守动作接③的传球投篮，依次进行练习。投完篮后自抢篮板球到另一组的队尾排队。

练习要求： 接球与投篮动作衔接连贯；投篮后，快速冲抢篮板球，尽量不让球落地。

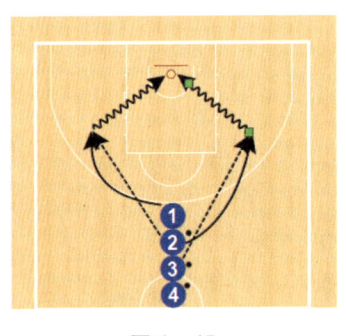

图 4-45 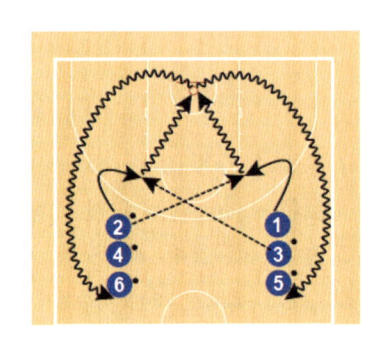　　　　　　　　　图 4-46

（3）绕障碍投篮

练习目的： 提高学生在快速运球中急停投篮的能力。

练习方法： 如图 4-47 所示，在场内放 3 个锥形桶，1 个放在罚球弧顶，另外 2 个放在距罚球线两端大约 1 米处。学生从弧顶处开始，用右手快速运球绕过右侧锥形桶后急停投篮，抢篮板球后运球返回弧顶处排队。练习一段时间后左手从左侧重复上述练习。

练习要求： 运球速度要快，投篮时要控制好身体平衡；提高两侧投篮命中率。

（4）掩护接球投篮

练习目的： 掌握配合与投篮相结合技术。

练习方法： 如图 4-48 所示，学生分成两组，一组持球，另一组不持球。持球组的第一名学生①不持球，跑去给②做掩护，②利用掩护摆脱接③传球投篮，③传完球后再去给④做掩护，④利用掩护摆脱接⑤传球投篮，依次进行。

练习要求：掌握好掩护后的移动时机，接球与投篮动作要连贯。

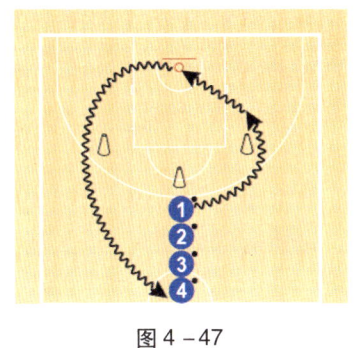

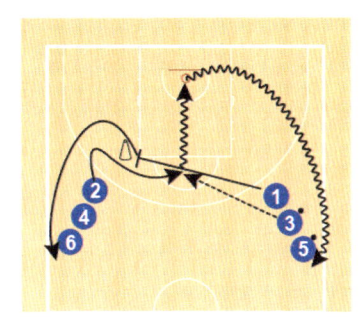

图 4-47

图 4-48

（二）三步上篮练习方法

1. 初级

（1）无球模仿三步上篮动作

练习目的：初步了解三步上篮的脚步动作方法。

练习方法：如图 4-49 所示，学生 4 人一组向对侧做无球三步上篮模仿动作练习。

练习要求：注意三步的节奏，一大二小三跳起。

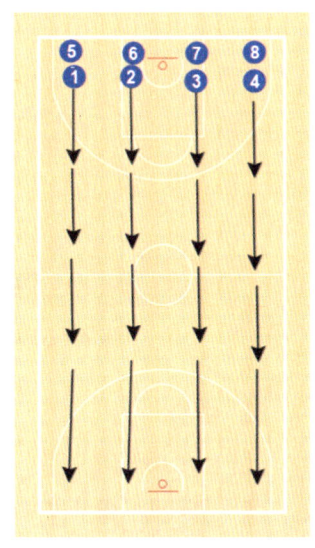

图 4-49

（2）拿固定球上篮

练习目的： 掌握三步上篮的手脚配合方法。

练习方法： 如图4-50所示，每人一球。练习时，学生传球给固定接球人⊗，⊗伸臂托球，学生向前跑至⊗前跨右脚拿球，接着跨左脚起跳，身体腾空时举球上篮，然后自捡篮板球排到队尾，依次练习。

练习要求： 手脚配合协调，上篮动作连贯。

（3）运球三步上篮

练习目的： 掌握运球和上篮的衔接。

练习方法： 如图4-51所示，学生每人一球，慢速运球到篮下三步上篮，然后自捡篮板球排到队尾，依次练习。

练习要求： 步法清楚，运球与上篮动作连贯协调。

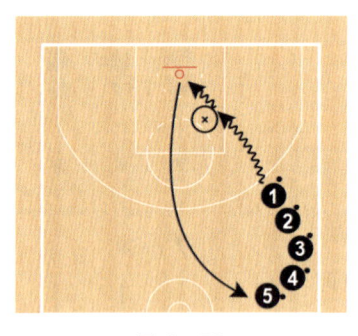

图4-50 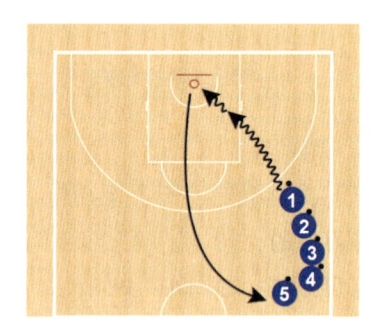　　　　　　　　图4-51

2. 中级

（1）全场快速运球三步上篮

练习目的： 提高学生的全场运球和上篮的稳定性。

练习方法： 如图4-52所示，学生平均分为两组，站在两侧端线，每组的第一名学生拿球，听到老师口令后运球到对侧三步上篮，然后捡篮板球传给另一组的第二名学生，第二名学生以同样的方法练习，依次进行。

练习要求： 快速运球时注意不能违例，提高上篮命中率。

（2）全场传、接球三步上篮

练习目的： 提高行进间传、接球与三步上篮的稳定性。

练习方法： 如图4-53所示，学生两人一组一球行进间传、接球，到对侧篮下三步上篮，然后到对侧排队，两组同时进行。

练习要求：对于基础差的学生，两人可以进行滑步的传、接球；对于有一定基础的学生，可以要求传、接球的次数，但要强调传、接球的提前量和稳定性。要求上篮的准确度，上篮不进要补进，进球后要抢篮板球。

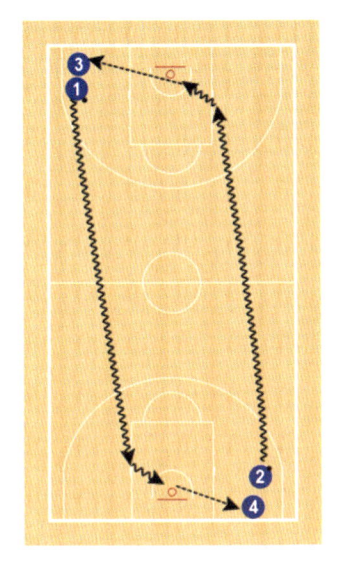

图 4－52

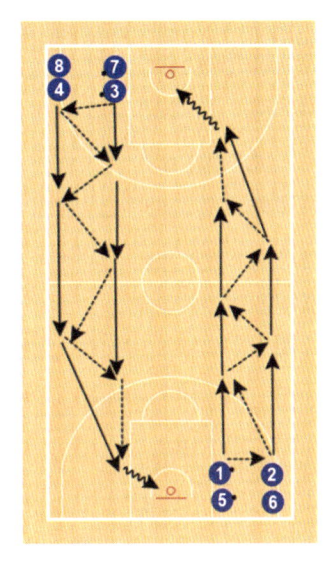

图 4－53

（3）持球突破三步上篮

练习目的：掌握持球突破后接三步上篮技术。

练习方法：如图 4－54 所示，学生分为两组，一组持球，另一组不持球。当持球学生①传球时，不持球学生②采用双脚跳步急停接球，然后做顺步或交叉步突破锥形桶后三步上篮。然后②拿篮板球到⑤后面排队，①到⑥后面排队。③和④以同样方法进行练习，学生依次进行。

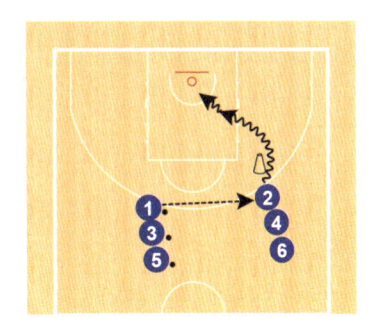

图 4－54

练习要求：接球后急停要稳，突破速度要快，上篮要协调连贯。

3. 高级

（1）半场一传一切三步上篮

练习目的： 掌握传切上篮的动作方法。

练习方法： 如图4-55所示，学生分成两组，一组持球，另一组不持球，持球学生①传球给②后迅速侧身切入篮下接②的回传球三步上篮。然后②拿篮板球到⑤后面排队，①到⑥后面排队。③和④以同样方法进行练习，学生依次进行。

练习要求： 侧身切入篮下与接球上篮动作衔接连贯。

（2）体前变向运球三步上篮

练习目的： 提高学生运用组合技术的能力。

练习方法： 如图4-56所示，一人一球，站在中线附近，运球到锥形桶前做体前变向运球接三步上篮。

练习要求： 变向运球接上篮动作连贯协调。

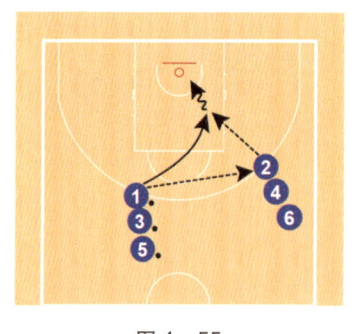

图4-55

图4-56

（3）消极防守三步上篮

练习目的： 提高有防守情况下三步上篮运用能力。

练习方法： 如图4-57所示，学生两人一组，一人进攻，另一人防守，防守学生进行消极防守，进攻学生可采用多种运球方式，最终以三步上篮结束进攻。

练习要求： 进攻学生根据防守位置合理运用三

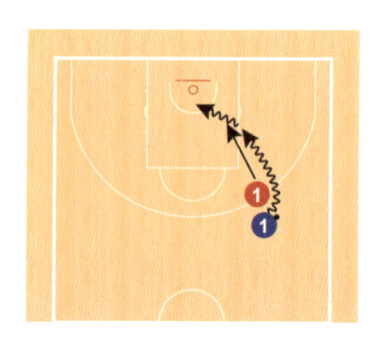

图4-57

步上篮；防守学生先消极防守，逐渐过渡到积极防守。

第四节　突破技术教学

突破技术是篮球运动中最具有攻击性的进攻手段之一，通过各种方式创造出冲击篮筐的空间。突破技术是以良好的运球技术和三步上篮技术为基础的，并往往与假动作相结合，使防守者做出错误判断。

一、持球突破动作要领

（一）持球交叉步突破

以向右侧突破为例。突破前，面向对手两脚左右开立，两膝微屈，持球于胸腹前。突破时，左脚用力蹬地，同时上身稍向右转，左肩向右前下方压，重心向右前方移动。接着左脚向右前方跨出，紧贴防守者，将球引至右侧并用右手拍球，球落地后，右脚中枢脚迅速用力蹬地加速运球突破对手。

（二）持球同侧步突破

以向右侧突破为例。突破前，面向对手两脚左右开立，两膝微屈，持球于胸腹前。突破时，右脚用力蹬地并向右前方跨出，同时用右手拍球，接着左脚迅速用力蹬地加速运球突破对手。

二、持球突破练习方法

(一) 初级

1. 原地模仿持球交叉步/同侧步突破动作

练习目的：体会突破时蹬地、转体侧肩动作。

练习方法：如图 4-58 所示，学生每人一球成两列横队面向教师。由持球姿势开始，听教师口令，做交叉步/同侧步蹬地跨步、转体练习（不运球）；然后收回脚步，再由持球姿势开始，听口令后向另一侧做蹬地跨步、转体练习。

练习要求：蹬地有力，跨步要大。交叉步突破和同侧步突破交替练习。

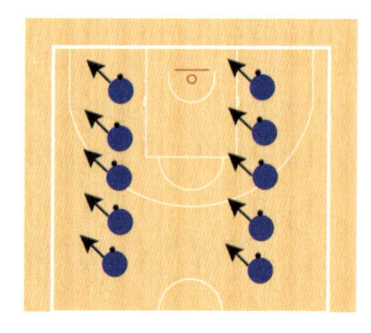

图 4-58

2. 持球突破运球

练习目的：体会持球突破时的蹬地、侧肩、放球和加速环节的衔接。

练习方法：如图 4-59 所示，学生每人一球，两路纵队面对面相距 1 米左右站立。听到教师口令后，做交叉步突破时的蹬地、转体、放球动作。加速练习（运 1 次球），然后转过身面对同伴，以同样的方法再进行练习（交叉步和同侧步突破各做 6 次）。

练习要求：突破时两个人要侧肩降低重心贴近对方，注意放球的位置（放到对手的身后，且自己能控制球的位置上）。

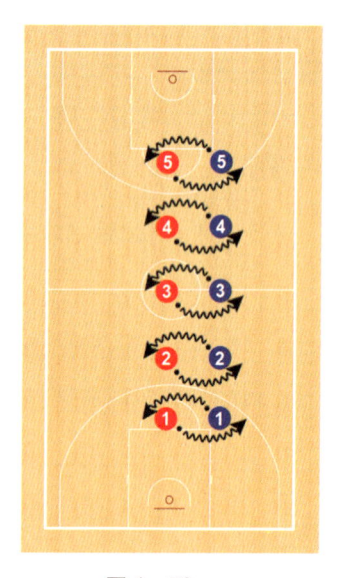

图 4-59

3. 原地持球突破上篮

练习目的：掌握持球突破与上篮技术的衔接。

练习方法：如图4-60所示，学生每人一球，在三分线外与篮板呈45°处的锥形桶前，依次做持球交叉步/同侧步突破上篮，上完篮自捡篮板球后到队尾排队。

练习要求：突破蹬地有力，第一步要大，放球后加速运球上篮。

图4-60

（二）中级

1. 接球急停突破

练习目的：掌握接球与突破技术的衔接。

练习方法：如图4-61所示，两人一组一个球，面对面相距4米左右站立，一人传球，一人迎前跑上接球急停做交叉步/同侧步突破。突破运球3次后停下来再回传球给同伴，同伴以同样的方法迎前接球急停突破，两人交替练习。接球急停可以是跳步急停也可以是跨步急停。

练习要求：接球急停要稳，中枢脚蹬地、跨步侧肩、放球加速等动作要连贯，不走步。

2. 接球突破上篮

练习目的：掌握接球与持球突破的连贯性。

练习方法：如图4-62所示，学生分成两组，在三分线外与篮板呈45°处站立。④不持球，其他学生每人持一球。练习时，①把球传给④，④接球后立即持球突破到篮下投篮，同时⑤把球传给①，①接球后突破到篮下投篮。学生依次进行练习，上完篮自捡篮板球后到另一组后面排队。

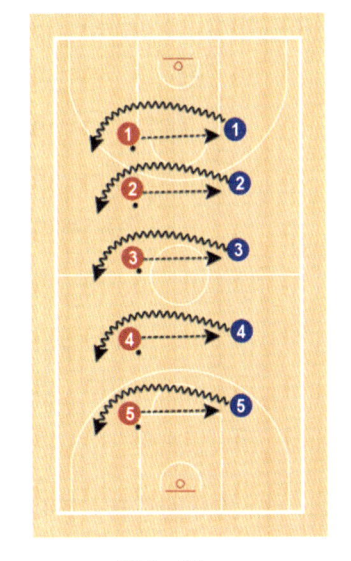

图4-61

练习要求：接球突破时步法要清楚，不要走步；突破后要加速运球上篮。

3. 突破后分球

练习目的：掌握突破和传球技术的衔接。

练习方法：如图4-63所示，学生分成3组，①持球，其他学生不持球。

（1）不加防守

①运球突破传球给④后，跑到④的队尾；④接球后从端线运球突破将球传给⑦后，跑到⑦的队尾；⑦接球后运球突破传球给②后，跑到②的队尾；②接球后运球突破传球给⑤。依次进行。

（2）加防守

①运球突破传球给④后，立即上前防守④；④突破①后传球给⑦，④立即上前防守⑦；⑦突破④后传球给②，⑦立即上前防守②。依次进行。

练习要求：接球突破时要降低重心，两脚蹬地有力，运球要加速；加防守练习时，要等防守学生到位后再突破。

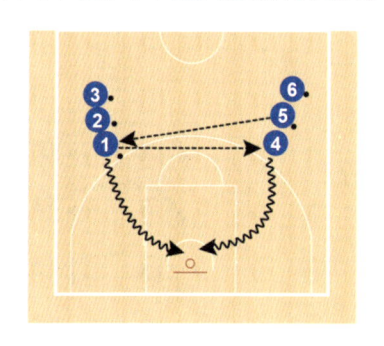

图4-62

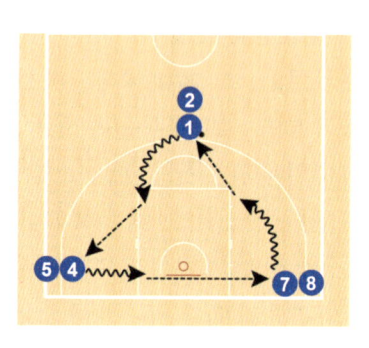

图4-63

（三）高级

1. 持球前后转身突破上篮

练习目的：掌握转身技术和持球突破技术的衔接。

练习方法：如图4-64所示，⑨不持球，其他学生每人持一球。①将球传给⑨后移动到罚球线外，接⑨的回传球，接球后做前后转身各一次，然后突破运球上篮，自捡篮板球后排到④的队尾。③传球给⑨以同样的方法练习，然后排到②的队尾。学生依次进行。

练习要求：转身时重心要稳；突破时中枢脚要蹬地，侧肩加速上篮。

2. 移动中接球突破上篮

练习目的：提高学生接球突破的能力。

· 72 ·

练习方法：如图4-65所示，⑨不持球，其他学生每人持一球。①在右侧传球给⑨后，从端线向左侧移动到三分线与篮板呈45°角附近，接⑨的回传球快速运球突破上篮，⑨抢篮板球后排到队尾，①投篮后跑到⑨的位置接②的传球。②以同样的方法进行练习，学生依次进行。左侧练习突破后，教师根据练习情况让学生到右侧练习突破。

练习要求：传球后要向上做接球的假动作，然后加速溜端线到对侧；左右两侧突破都要练习。

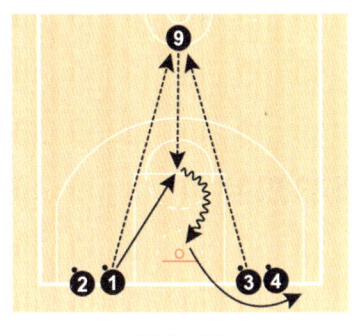

图4-64 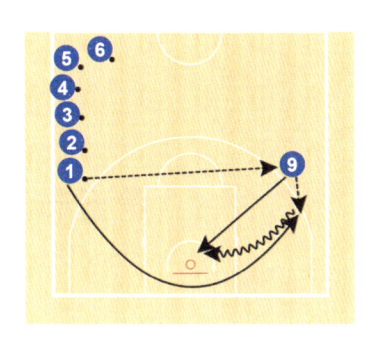   图4-65

3. 持球突破—急停单手肩上投篮

练习目的：提高突破与急停投篮技术的衔接能力。

练习方法：如图4-66所示，学生分成两组，④不持球，其他学生每人持一球。练习开始时，④接③的传球向右侧运球突破到三秒区附近急停投篮，然后③接⑤的传球向左侧运球突破到三秒区附近急停投篮，依次进行练习。学生自投自抢篮板球后，到另一组的后面排队。

练习要求：接球突破动作连贯，突破后急停投篮脚步要清楚。

4. 在防守情况下突破

练习目的：提高突破技术的运用能力。

练习方法：如图4-67所示，两人一组一球，①运球突破上篮，×1防守，投完篮后两人交换攻守排到队尾，依次进行练习。

练习要求：运用灵活的脚步移动和快速的突破技术超越对手。

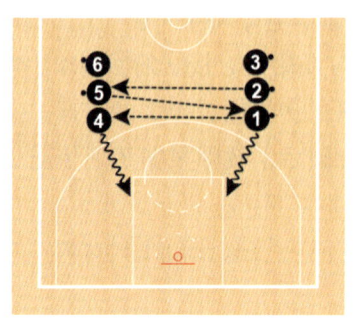

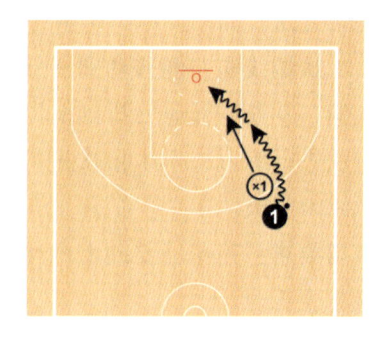

图4－66　　　　　　　　　　　图4－67

第五节　篮板球技术教学

篮板球是指投篮不中后，双方争夺从篮板或篮圈上反弹球的技术，包括抢占内线有利位置、判断球的落点、起跳、空中抢球和得球后等动作，是篮球比赛攻防战术的重要组成部分。篮板球分为防守篮板（后场篮板）和进攻篮板（前场篮板）。防守队员在本方半场场地所获得的篮板球，称之为后场篮板。后场篮板是体现一支队伍防守能力的一个重要标志，获得的后场篮板比对手多，说明防守稳固。进攻队员在对方的半场场地所获得的篮板球，称之为前场篮板。由于前场篮板可以直接导致二次进攻得分，因此前场篮板对每场比赛都至关重要。但是由于攻防双方站位的问题，前场篮板的难度远大于后场篮板，前场篮板的卡位、起跳、拨球都需要一定的战术意识和身体技术。前场篮板的多少，也是球队进攻力、内线队员个人实力、全队配合能力的一个重要体现，很多情况下直接决定比赛的胜负。

一、篮板球技术动作要领

（一）抢进攻篮板球

抢进攻篮板球是保持控球权的重要手段。抢进攻篮板球时要判断好球的落点，运用快速的移动步法，配合身体动作，摆脱对手进行抢球或补篮。抢进攻篮板球强调的是冲抢，使用时注意以下几点。

1. 观察判断，快速抢位

同伴投篮出手后，进攻队员要观察判断对手的行动以及球的落点，为下一步行动做准备。进攻队员不同的落位会有不同的起动与判断，在离篮板近的位置上，常先抢位再判断，处于外围的进攻同伴往往是先判断再起动冲抢。

2. 起跳伸展，高点抢球

冲抢是抢进攻篮板球的一个重要环节。在冲抢时要继续判断球的方向和高度，积极用力蹬地跳起，充分伸展身体和手臂，尽可能在更高的空中位置上用手腕和手指的力量抢获球。

（二）抢防守篮板球

抢防守篮板球是防守中的重要一环，是夺回控球权的重要手段。抢防守篮板球强调的是"挡抢"，运用时注意以下几点。

1. 就近找人，挡人抢球

进攻队员投球出手，防守队员第一反应就是找到自己防守的对手或者离你最近的对手，并主动上步贴近对手，判断其行动（视觉接触要先于身体接触）。

2. 保护好球

当防守队员争抢到篮板球后，首先将球引到下颌的下方，同时双肘外展，双手紧紧地握住球，把球放在远离对手的有利位置，保护好球。

3. 快速转移球

一旦抢到篮板球，抢球队员必须快速把球传给没人防守的同伴，争取打快攻。当抢到篮板球的队员遭到夹击时，可用 1~2 次运球向前推进冲出包围，或者等待控球好的同伴来接应球。无论做何选择，都应该保持抬头、注视前场，并且保护好球。

二、篮板球技术练习方法

（一）初级

1. 徒手转身挡人

练习目的：体会抢篮板球时转身挡人的动作。

练习方法：如图4-68所示，学生两列纵队，相距1步距离面对面站立，两人一组，根据教师的口令，前排学生做上步前转身或后转身挡住后排学生。连续数次之后两人交换练习。

练习要求：转身时重心降低，用臀部和背部贴住对手。

2. 原地自抛自抢篮板球

练习目的：体会抢球的动作。

练习方法：图4-69所示，学生相距4米，成两列纵队，每人一球。听教师口令向上抛球后，上步起跳，用双手或单手在空中将球接住。

练习要求：注意起跳的时机，在最高点将球拿到；落地后两脚开立，两肘张开，保护好球。

3. 转身、挡人、起跳抢球衔接

练习目的：掌握转身、挡人、起跳抢球的动作。

练习方法：如图4-70所示，学生两列纵队，面对面相距2米站立，两人一组。一人向前上方抛球，另一人马上利用前转身（后转身）、挡人、起跳，用双手或单手空中抢球，落地后，两人再交换练习。

练习要求：转身挡人要迅速，要用臀部和背部贴住对手；判断准确，起跳及时，拿球要稳、准，落地后两脚开立，两肘张开，将球置于腹部，保护好球。

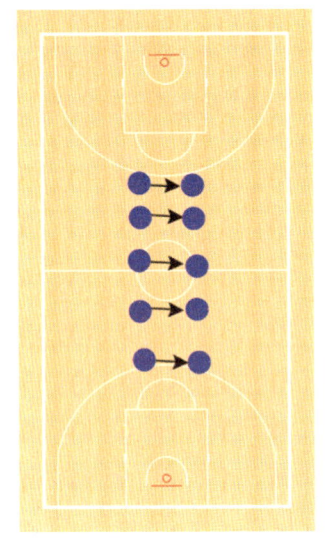

图 4-68 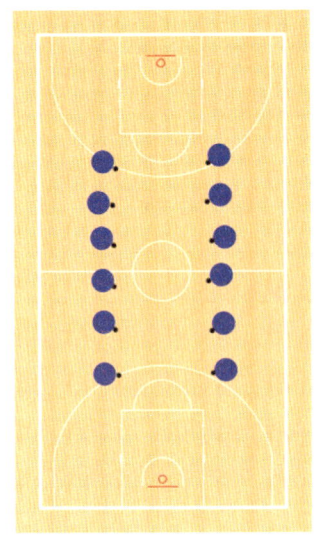　　　　　图 4-69 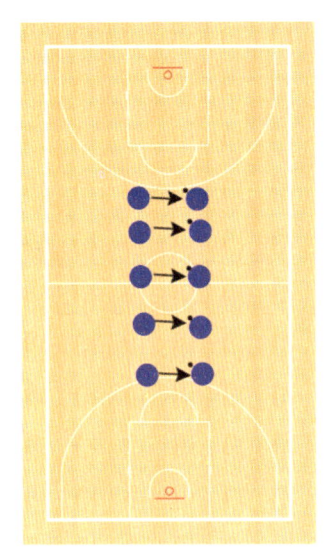　　　　　图 4-70

4. 投篮后抢篮板球

练习目的：掌握抢篮板球的技术动作。

练习方法：如图 4-71 所示，将全队分成两组，面对篮板站立，每组的第一名学生持球。练习开始，学生①、⑦投篮，判断球的反弹路线跳起抢篮板球。抢到篮板球后传给本组的第二名学生，然后站到另一组队尾。②、⑧重复上述练习，依次进行练习。

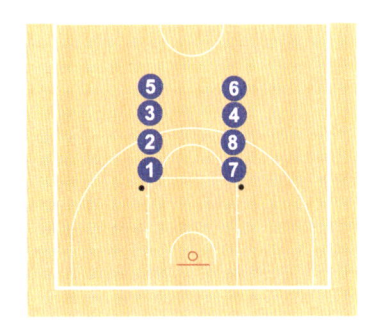

图 4-71

练习要求：正确判断球的落点，合理运用抢篮板球的技术。

（二）中级

1. 两队抢篮板球

练习目的：培养卡位和抢球意识。

练习方法：如图 4-72 所示，将学生分成两组，进攻组排成纵队面向篮板站在罚球线后，防守组面对进攻组站在篮下端线处。练习开始，防守组的第一名学生×1 传球给进攻组的①，然后立即上前紧逼防守①，①投篮后，防守学生×1 要立即进行卡位抢篮板球。在练习中，进攻学生接到球后，可以在防守学生占据有利的防守位置之前立即投篮出手，投篮出手后，进攻学生和防守学生都要抢篮板球。当进攻学生投中或者防守学生抢到篮板球后，练习结束。两名学生交换位置站到对方队尾。学生依次进行练习。

练习要求：注意卡位，积极拼抢但不能推人。

2. "三对三"抢篮板球

练习目的：提高卡位和抢篮板球的能力。

练习方法：如图4-73所示，将所有学生分成四组，三组为进攻组纵队站立，一组为防守组。练习开始，持球学生③投篮，①、②、③抢前场篮板球，而防守学生×1、×2、×3尽力阻止对手抢篮板球。如果防守学生抢到篮板球，则传球给下一组④、⑤、⑥中的任何一人，然后分别站到各组的队尾，①、②、③成为防守队员；如果进攻学生进攻投中或抢到篮板球则继续重新进攻，直到防守学生×1、×2、×3抢到篮板球。在此练习中，可以采用以下方法计分：每名练习学生每投中一次或抢到一次防守篮板球得1分，率先获得一定分数的一组获胜。

练习要求：注意卡位，积极拼抢。

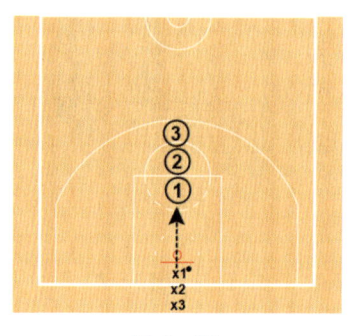

图4-72

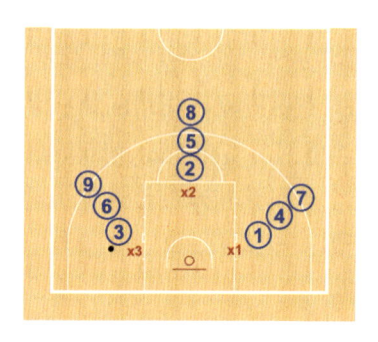

图4-73

3. 三人抢篮板球

练习目的：培养学生抢篮板球的意识，提高抢篮板球的能力。

练习方法：如图4-74所示，③投篮，①、②抢篮板球。抢到篮板球的学生运球到距离篮板4~5米以外再投篮，另外两名学生继续抢篮板球。如果投中，投篮者继续投篮，重复以上练习。完成规定练习时间或投篮次数后换一下组练习。两半场同时进行练习。

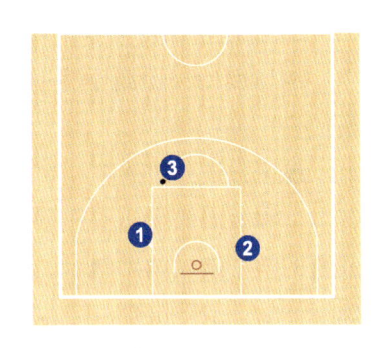

图4-74

练习要求：注意判断，积极拼抢。

（三）高级

1. 投篮后拼抢篮板球

练习目的：提高学生进攻和抢篮板球的能力。

练习方法：如图4-75所示，三名学生站在篮下面向篮板。练习开始，教师（C）投篮（故意投不进篮），三名学生积极拼抢篮板球，抢到篮板球的学生为进攻学生，另外两名学生立即对其防守。持球学生可以运用任何方式进攻，但所有的投篮必须在限制区内完成；持球学生也可以传球给教师，摆脱防守后再接回传球并在限制区内投篮。首先投中2个球的学生下场休息，替换另一名学生上场与另外两名学生继续练习。

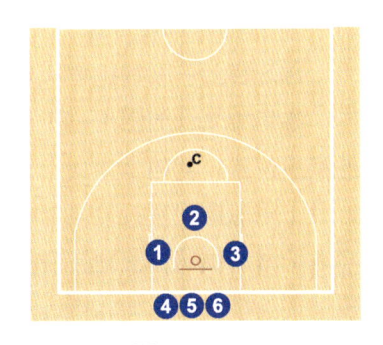

图4-75

练习要求：积极进攻，积极拼抢；只有在限制区内才能投篮。

2. 抢篮板球及长传球

练习目的：提高学生抢篮板球与长传球技术的衔接。

练习方法：如图 4-76 所示，两名抢篮板球学生①、②和两名教师（C）分别站在两侧低位策应区，其余的学生排成两路纵队，分别站在两侧边线位置。练习开始，教师投篮，抢篮板球学生抢到篮板球后快速用单手肩上传球（或双手胸前传球）传给两侧接应的学生③和④。①和②两名学生传完球后分别排到⑦和⑧队尾，③、④到①、②的位置继续练习。

练习要求：抢篮板球学生向外传球要判断准确，传球要到位。

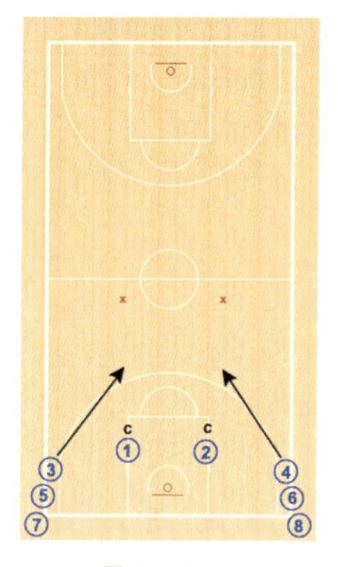

图 4-76

3. 抢篮板球后传球

练习目的：掌握抢篮板球和一传技术的衔接。

练习方法：如图 4-77 所示，④站在边线附近的接应位置，其他学生面向篮板站成纵队。练习开始，①将球抛到篮板最高处，然后尽可能在跳到最高点抢得篮板球，落地转身面向边线，用单手肩上传球传给接应的④，④再传球给队列中的②，然后跑至队尾排队。①跑到④的位置成为接应学生。

练习要求：要在连续、快速移动中重复一定的次数或持续一定的时间练习。

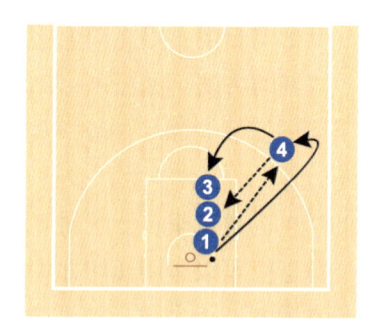

图 4-77

第六节 防守技术教学

防守技术是防守队员为阻止和破坏对手的进攻，合理运用脚步移动和手臂动作，积极抢占有利位置，以达到争夺控制球权为目的所采用的各种专门动作的总称。防守是一项综合技术动作，由脚步动作、手臂动作和结合防守的位置、距离、姿势、移动、步法和视野等因素构成。

一、防守技术动作要领

（一）防守姿势

正确的防守姿势对扩大防守面积和及时向不同方向移动具有十分重要的作用。正确的防守姿势应是两脚开立略比肩宽，膝关节弯曲略大于90°，上体含胸直腰，两臂屈肘自然张开。

（二）蹬地滑步

在防守姿势的基础上，横向移动最快的方法是滑步。滑步的动作要点是蹬地—跨步—滑步。当向右滑步时，左脚内侧蹬地，右脚向右跨出，右脚落地同时左脚跟随向右滑动。向左滑步时两脚用力方向相反。滑步时，脚要贴地滑行，既动作高效，也便于迅速变向。

（三）后撤步

后撤步是一项控制性较强的防守移动步法。当对方企图从防守人右侧突破时，防守人可以利用向后撤右脚控制对方移动路线（对方从左侧突破时左脚后撤）。撤步时步幅要大，速度要快，撤步方向一般控制在与对手突破路线成45°角的方向。

（四）抢球、打球、断球

1. 抢球

抢球是攻击性防守技术，在对方动作迟缓、注意力不集中或球保护不好的情况下，防守人可以大胆地抢球。抢球时要突然上步，靠近对手，同时右手迅速按在球上方（对方的两手之间），左手握住球的下方，双手同时用力将球抢到手。

2. 打球

当进攻人持球、运球、投篮时，防守人都可以出其不意地突然打球，也可以在集体防守的配合过程中，通过堵截、夹击、关门等方法实施打球防守。打球可以从球的上面向下打，也可以从球的下面向上打。

3. 断球

断球时，防守人要准确判断对方传球意图和球的飞行路线，要降低重心，与接球人保持一定的角度和距离。当持球人传球出手时，防守人迅速向来球方向移动并伸出两臂将球断获。

二、防守技术练习方法

（一）脚步移动练习方法

1. 初级

（1）转身后退跑

练习目的：掌握转身和后退跑技术动作。

练习方法：如图 4-78 所示，学生排成一排站于端线外，听到教师口令后加速向前跑动，到中线时转身，随即后退跑到对侧端线。然后以同样练习返回。

练习要求：转身时注意降低重心，后退跑时可以由慢到快逐渐加速，避免摔倒。

（2）蛇形跑

练习目的：体会曲线跑时重心的移动。

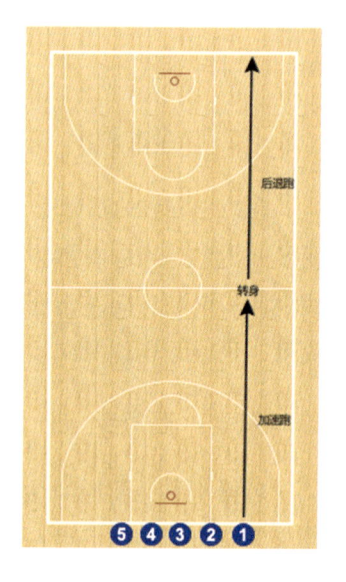

图 4-78

练习方法：如图 4-79 所示，学生在端线站立，半场上放 8 个锥形桶，学生依次按图示方向绕锥形桶跑动，跑完后再到队尾排队。两个半场同时进行练习。

练习要求：跑动速度要尽量快，注意力集中，不要踩到锥形桶。

（3）横滑步

练习目的：掌握滑步动作方法。

练习方法：如图 4-80 所示，学生站成三列横队，做好正确的防守姿势后，听教师的口令，从左侧边线开始一起缓慢地向右侧边线滑步，当排头学生触及右侧边线后喊"返回",然后该队学生慢速向左侧滑步返回,当排头学生触及左侧边线后喊"返回",然后该队学生再次慢速向右侧滑步。依次来回练习。

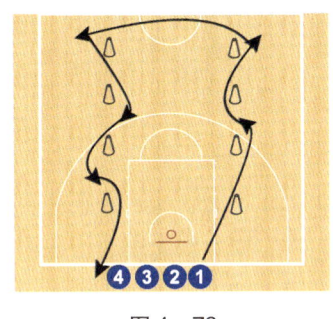

图 4-79

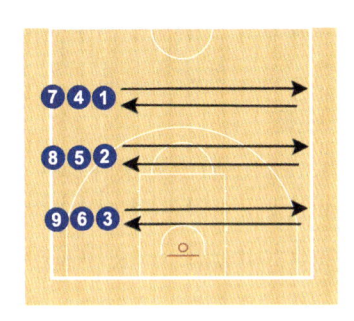

图 4-80

练习要求:始终保持正确的防守姿势,滑步时重心平衡,不要上下起伏。

(4) 滑步—撤步

练习目的:掌握滑步和撤步技术的衔接。

练习方法:如图 4-81 所示,学生分成两组,分别站在两侧端线。练习时,学生背向场内站立,从底角向罚球线方向滑步,到罚球线后撤步滑向边线,再撤步滑到中圈,按"Z"形滑到对侧端线,然后到另一组队尾排队,两边学生同时进行练习。

练习要求:始终保持正确的防守姿势,重心要平稳,撤步的角度要合理。

(5)"之"字形滑步

练习目的:掌握滑步防守变向的技术动作,同时发展腿部力量与耐力。

练习方法:如图 4-82 所示,学生 4 人一组,背向场地站于端线外,做好正确的防守姿势。当教师的手向左挥动,学生则向自己的右侧滑步防守,滑行几步之后,教师的手挥向相反的方向,学生立即随之撤步改变滑步的方向。这样以"之"字形路

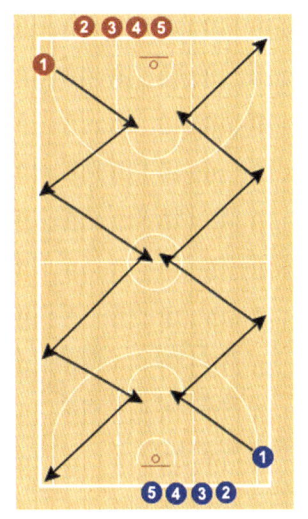

图 4-81

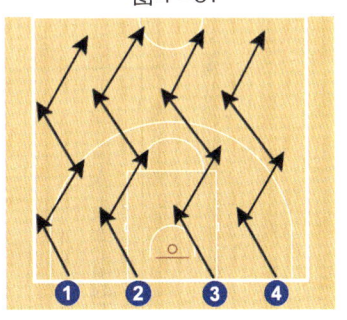

图 4-82

线滑步到球场的另一端。当前一组学生做第二次转换方向时，后一组学生开始练习。

练习要求： 改变滑步方向时应以后脚为轴完成撤步动作，以便使自己保持面向假想对手的正确防守位置。

2. 中级

（1）滑步、撤步变换脚步移动

练习目的： 提高学生脚步移动能力。

练习方法： 如图4-83所示，学生分成两组分别在两个半场内进行练习，学生在篮下的端线处排成一路纵队。练习开始时，学生做好正确的防守姿势，用前滑步（左脚在前）滑到罚球线，然后用侧滑步（右脚在前）滑向右侧边线，上右脚再向前滑步滑至中场线，用侧滑步滑至左侧边线，撤左脚用后滑步滑到罚球线延长线，再撤右脚用侧滑步滑到罚球线的左端，撤右脚向后滑步回到起点的端线，并排到队尾。练习时，学生可根据需要变换前滑步、后滑步、左滑步与右滑步。当前一名学生滑到罚球线时下一名学生开始练习，如此循环进行练习。

练习要求： 注意力要集中，按动作顺序正确运用脚步移动。滑步时一只手臂保持上举，另一只手臂侧举，保持身体的平衡。

（2）不同方向的滑步和撤步

练习目的： 提高学生变换运用滑步和撤步能力，锻炼腿部力量和耐力。

练习方法： 如图4-84所示，学生背对端线排成一排，做好正确的防守姿势。在教师的口令下，学生做向前、后、左、右各个方向的滑步和撤步练习，一直做到对面的端线。

练习要求： 要按照教师的口令进行练习。

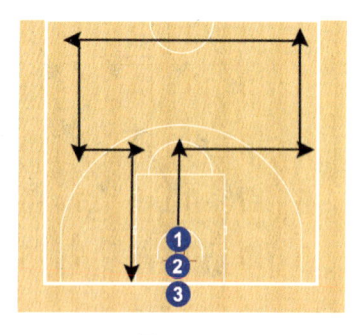

图4-83

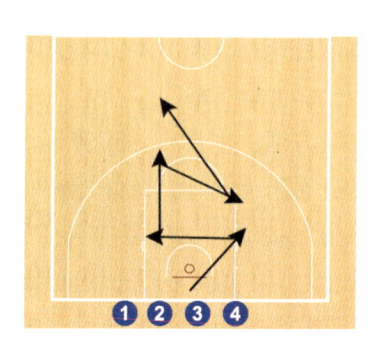

图4-84

(3) 一对一模仿脚步移动

练习目的：提高学生的反应速度和移动速度。

练习方法：如图 4-85 所示，学生两人一组，相对站立。①主动做前、后、左、右的滑步，×1 跟随①做相应的脚步移动。练习到中线后，两名学生互换角色，一直练习到对侧端线。

练习要求：反应迅速，跟上同伴的动作。

(4) 原地防投、防突

练习目的：掌握防投、防突的动作方法。

练习方法：如图 4-86 所示，每组两人，全班分若干组在两个半场同时练习。进攻学生原地持球做投、突结合的动作，但不投篮；防守学生做防投、防突的动作。练习 30 秒左右两名学生交换位置。

练习要求：防守学生要根据进攻学生的动作采用正确的防守方法。

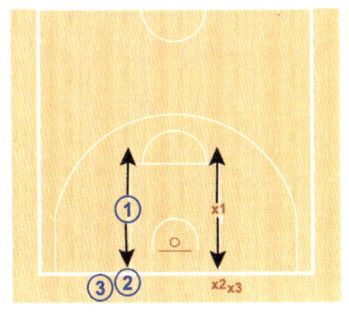

图 4-85 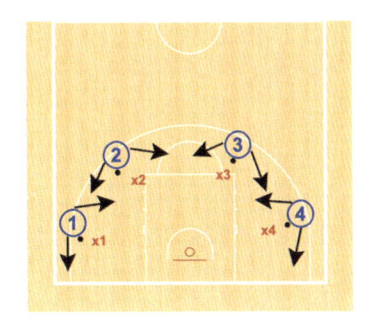　　　　　　　　图 4-86

(5) 连续滑步防运球

练习目的：掌握侧滑步防运球的练习方法。

练习方法：如图 4-87 所示，全班分两组，分别在两个半场进行练习。开始时，×1 防守②向 45°侧方运球，当②传球给弧顶的③时，×1 立即迎上紧逼③，并防守③向另一侧的 45°侧方运球。以此练习方法 ×1 防守完④后，×1 变为进攻学生，②按上述练习方法防守一轮。依次轮流防守练习。

练习要求：上步紧逼时，重心不要太向前，向侧滑步时紧贴运球学生。

3. 高级

（1）综合脚步移动

练习目的：提高学生综合运用脚步移动的能力。

练习方法：如图 4-88 所示，学生在端线列队，顺序进行练习。第一个动作是冲刺到右侧罚球线附近锥形桶前，做原地碎步跑 3 秒钟，然后右脚后撤步，接着滑步到端线的锥形桶，左脚再撤步向球场左侧端线的锥形桶滑步。然后再次向前冲刺到左侧锥形桶，做原地碎步跑 3 秒钟，再向右侧滑步到边线。

练习要求：各种移动步法清楚，动作正确，速度尽可能快。

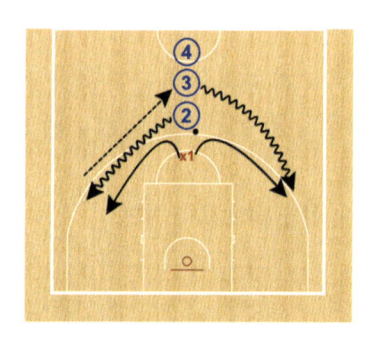

图 4-87

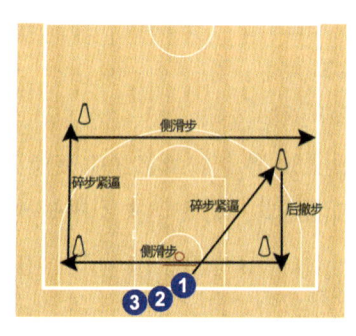

图 4-88

（2）一对一防无球学生

练习目的：掌握防守无球学生的方法。

练习方法：如图 4-89 所示，学生分成两组在两个半场进行练习。从中圈开始练习。每组第一名学生先做防守人。①向前、后、左、右任意方向移动，迫使×1 改变防守位置及脚步动作。①和×1 练习到达端线后，①跑回中线防守下一名学生，×1 到队尾排队。以同样方法依次进行练习。

练习要求：防守学生要学会预判，对进攻学生的每一次行动做出迅速、恰当的反应。

图 4-89

(3) 一对一防守持球学生

练习目的：提高防守持球队员的能力。

练习方法：如图4-90所示，学生两人一组，防守学生站在罚球线处。练习开始时，×1将球传给①，①接球后可以投篮或突破上篮，此时×1根据①的行动进行防投篮和防突破动作。

练习要求：防守学生上步、滑步和撤步要迅速及时，刚开始练习时，进攻学生可以适当放慢速度。

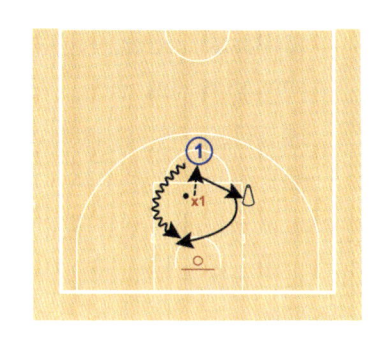

图4-90

(4) 全场一对一攻防

练习目的：提高学生防守技术与脚步移动的能力。

练习方法：如图4-91所示，两人一组，在篮板一侧的纵半场内练习。进攻学生可以运用体前变向、后转身变向、急停急起等运球技术从后场向前场推进，防守学生运用各种脚步动作积极移动防住对手，不让对手突破自己。如防守学生被突破超越，则应尽力追赶继续防守。练习到对侧端线后两人交换攻防位置再从另一侧纵半场练习返回。

练习要求：防守脚步移动运用合理，防守位置始终保持在进攻学生与前场篮筐之间，近球侧的手要不断伸向球的方向进行干扰。

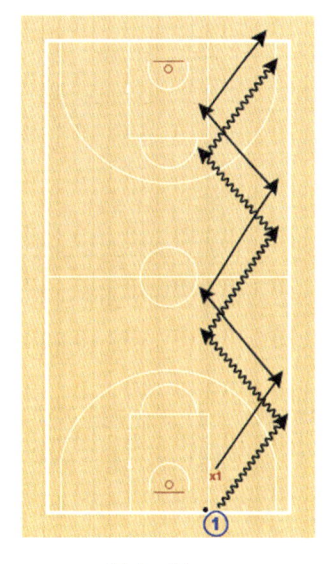

图4-91

(二) 抢球、打球、断球练习方法

1. 初级

(1) 钟摆抢球

练习目的：体会持球者摆动球时防守者的抢球时机。

练习方法：如图4-92所示，3人一组，相距1米站立，中间的学生持球向左右两侧摆动，两侧无球学生根据球的位置及时抢球。然后持球学生逐步改做转身跨步和摆脱护球动作，另外两名学生伺机抢球。完成一定次数后，学生轮换练习。

练习要求：无球学生判断好抢球时机。

（2）抢断接球

练习目的：掌握抢断时机。

练习方法：如图4-93所示，4人一组，两名学生互相传、接球，另外两名防守学生进行断球。在对手接球前的一刹那，防守学生立即上步断球。断球不成功时，立刻后撤步保持正确的防守姿势和位置，再继续伺机断球；断球成功时，双方交换练习。

练习要求：体会断球的时机，看准传球学生的动作，注意手指不要戳到球。

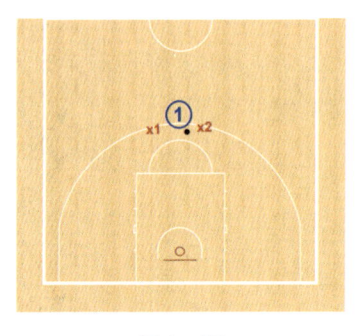

图4-92

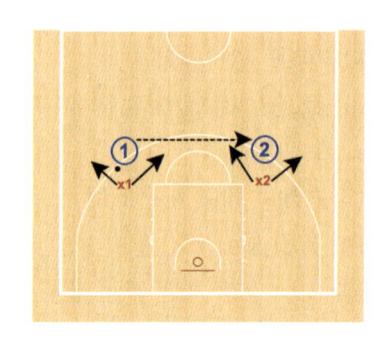

图4-93

（3）打持球人手中的球

练习目的：体会原地打球的时机和技巧。

练习方法：如图4-94所示，两人一组，相距1.5米面对面站立。①持球，①把球传给②后，立即上步打球；然后②传球给①后立即上步打①手上的球。两人轮流打球练习。

练习要求：上步快，手脚协调配合，打球动作要短促有力。

（4）抢、打持球人手中的球

练习目的：掌握抢球、打球的方法。

练习方法：如图4-95所示，两人一组，进攻学生持球，原地做跨步、转身动作，防守学生寻找机会去抢、打持球学生手中的球。练习一段时间后，两人交换练习。

练习要求：进攻学生不运球，只原地做动作。防守学生抢、打球时注意不要犯规。

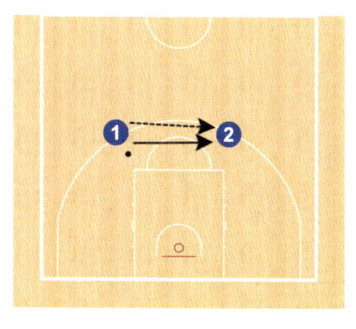

图 4-94

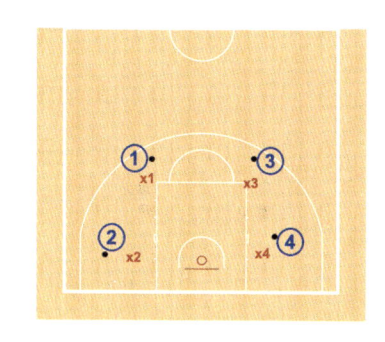

图 4-95

2. 中级

（1）正面打运球学生的球

练习目的：体会行进间打球的时机和技巧。

练习方法：两人一组，1人运球1人防守，在半场或全场内进行。防守学生紧紧跟随运球学生，当球刚从地面弹起的时候，突然打球。两人轮流练习。

练习要求：判断好运球学生的运球节奏，掌握行进间运球的打球时机。

（2）断球反应练习

练习目的：提高学生的反应速度，提升球感。

练习方法：如图4-96所示，4人一组，3人传球1人防守断球。防守学生×1站在限制区中间，①可把球任意传给②、③，×1要快速向传球侧跃出断球。如果未断到球，迅速后撤，保持正确的防守位置和姿势，继续向传球侧断球；如果断到球，则与接球学生交换。

练习要求：防守学生判断好断球的时机。练习初期传球的速度可以慢一些，逐渐加速。

（3）二防三断球

练习目的：提高相互协作能力，提高断球能力。

练习方法：如图4-97所示，5人一组，进攻的3人站成三角形，互相传球，防守的2人站在三角形内伺机断球。一名防守学生紧逼持球学生，另一防守学生站在另外两名进攻学生中间，准备断球。球在手中停留不得超过2秒，否则违例。5人轮流断球练习。这个练习也可以7人一组，4攻3守，4名进攻学生站成方形，互相传球，3名防守学生站在方形内伺机断球。

练习要求：防守学生移动积极，判断准确。

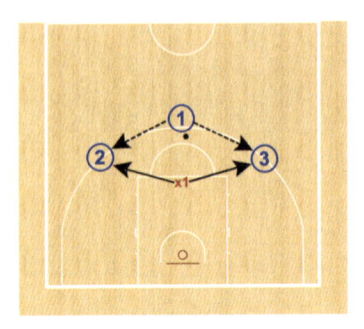

图4-96 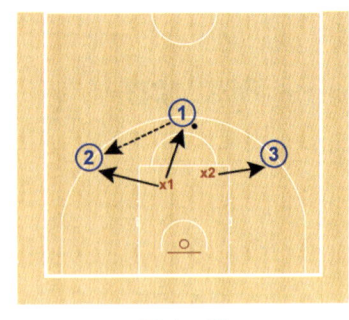　　　　　　　　　图4-97

3. 高级

（1）抢、打行进间运球

练习目的：掌握抢、打运球者手中球的时机。

练习方法：如图4-98所示，两人一组1个球，从篮筐的两侧同时向对侧进行练习，1人运球，1人防守。防守学生抢、打球的时机有：进攻学生在身前运球时，防守学生突然抢、打球；进攻学生在体侧运球时，防守学生突然绕步抢、打球；进攻学生运球变向过人时，防守学生后撤步抢、打球。

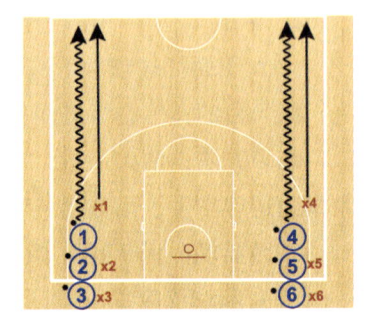

图4-98

练习要求：防守学生抢、打球时要判断好时机，动作突然快速。

（2）断球上篮

练习目的：提高断球能力，培养断球后的反击意识。

练习方法：如图4-99所示，学生①、②面向对侧篮板方向准备接教师（C）的传球，其他学生每人一球站在端线外。练习时，×1传球给教师后，站在三秒区中间，当教师传球给①或②时，×1迅速跑向接球学生一侧断球，然后快速向对侧运球上篮，上篮后排在队尾，下一名学生×2继续练习。

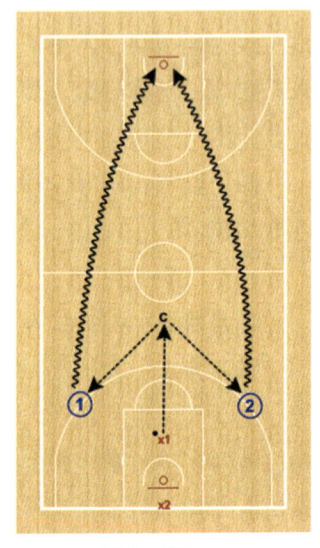

图4-99

练习要求：判断准确，速度要快，动作干脆。

（3）原地两传一抢

练习目的：培养断球意识，提高断球能力。

练习方法：如图4-100所示，3人一组，①和②两人间隔3~4米互相进行传球，×3在两人之间伺机抢断。抢断成功后与传球学生交换，依次进行练习。

练习要求：判断准确，动作干脆，注意时机。

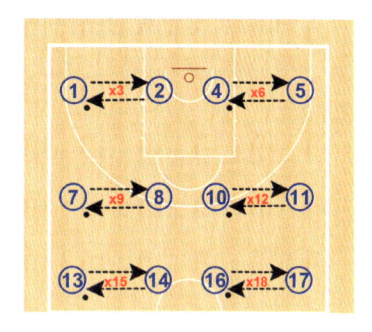

图4-100

第七节　篮球战术基础配合教学

篮球战术基础配合，是指在篮球比赛中两三人之间有目的的简单攻防配合的方法。全队整体战术配合离不开基础战术配合，全队的战术行动正是通过一个个的基础战术配合，从而最终实现整体战术的成功。

篮球战术基础配合包含进攻战术基础配合和防守战术基础配合两部分。其中：进攻战术基础配合包括传切、策应、突分、掩护（可进一步细分为无球掩护和有球掩护，即挡拆配合）；防守战术基础配合包括交换防守、挤过、绕过、穿过、关门、夹击、补防配合等。

一、进攻战术基础配合教学

（一）传切配合

传切配合是进攻队员之间利用传球和切入技术所组成的简单配合，是一种最基本的、最简单易行的配合。传切配合包括一传一切和空切两种方法。

1. 传切配合方法

（1）一传一切是指持球学生传球后，利用假动作摆脱对手，快速起动切入篮下，接同伴回传球攻击篮筐的配合方法。如图4-101所示，①传球给②后，立即摆脱×1，然后空切篮下，接②的回传球上篮或者投篮。

（2）空切是指无球学生掌握时机，利用速度摆脱对手，徒手切向无防守区域接同伴的传球投篮或者其他攻击手段的配合方法。如图4-102所示，①传球给②，③立即摆脱×3，向篮下切入，接②的传球投篮或者上篮。

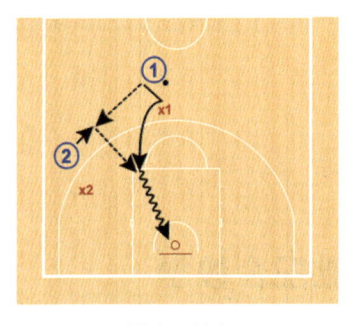

图4-101    图4-102

2. 传切配合练习方法

（1）徒手跑动切入篮下

练习目的：掌握传切配合时的跑动路线，掌握切入时机和跑动方法。

练习方法：如图4-103所示，学生分成3组。①做假动作，突然纵切篮下，慢跑至②的队尾；当①切入结束，②起动斜切入篮下，慢跑至③的队尾；②切入结束，③横切篮下，慢跑至①的队尾。三组学生如此反复练习。

练习要求：切入前要有假动作，起动迅速，切入快速，侧身跑动。

（2）传球—切入跑动

练习目的：掌握传切配合的传球、跑动路线。

练习方法：如图4-104所示，学生分成两组，一组在三分线弧顶附近站立，另一组在侧面站立。②传球给①后，向异侧做假动作，突然纵切篮下，然后慢跑至另一组队尾；①接球后传球给④，向异侧做假动作，横切篮下，然后慢跑至另一组队尾。两组学生如此反复练习。

练习要求：切入时伸手预接球，面向传球学生。

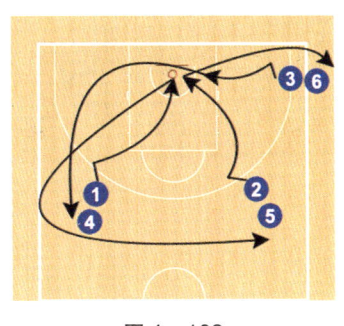

图 4－103 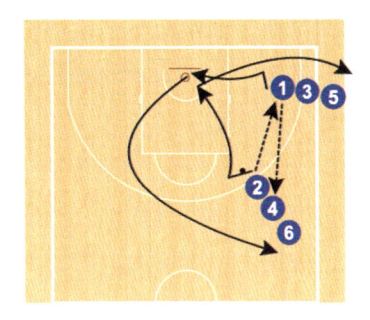　　　　　　　　　　　图 4－104

(3) 两人传切上篮

练习目的：掌握传切配合上篮方法。

练习方法：如图 4－105（纵切）、图 4－106（横切）所示，学生分成两组，①传球给②后做假动作纵切（横切）篮下，接②的传球上篮，然后慢跑至⑥的队尾；②抢到篮板后运球到⑤的队尾，③和④以同样方法练习。两组学生如此依次进行练习。

练习要求：假动作要逼真，切入迅速，侧身跑动时主动伸手要球；传球学生传球准确，做到人到球到。

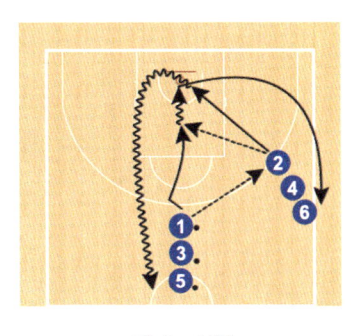

图 4－105 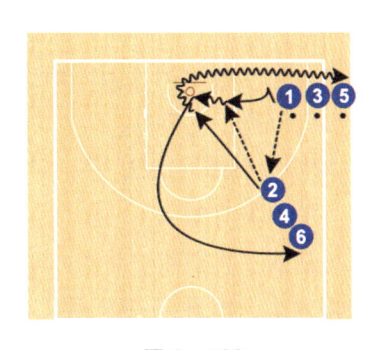　　　　　　　　　　　图 4－106

(4) 全场运球传切配合

练习目的：提高传切配合运用能力。

练习方法：如图 4－107 所示，教师（C）站在三分线弧顶处，学生分成两组。①、④同时出发，加速运球到中线锥形桶位置传球给教师（C），然后加速跑到三分线45°角锥形桶位置做假动作，然后切入篮下接教师回传球上篮，拿篮板球到另一组队尾排队。两组学生依次进行练习。

练习要求：运球和跑动速度要快，切入动作要突然，传球及时到位。

（5）消极防守下的传切配合

练习目的：提高传切配合的实战运用能力。

练习方法：在半场内进行二对二或三对三比赛，合理运用传切配合，提高配合意识。

练习要求：防守学生消极防守，进攻学生注意运用传切配合时机。

（二）掩护配合

掩护配合是队员之间利用合理的身体动作挡住同伴的防守者的移动路线，进而使同伴摆脱防守创造进攻机会的配合。掩护配合分为无球掩护和有球掩护。有球掩护又称为挡拆配合，是现代篮球战术配合中使用频率最高的一种基础配合。

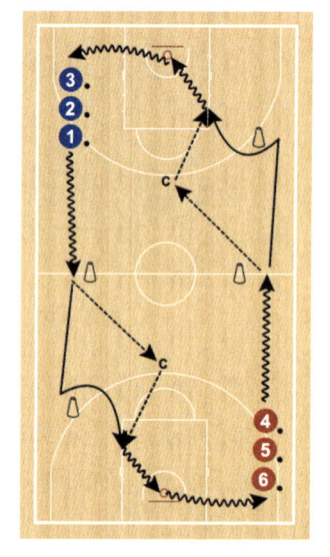

图4-107

1. 掩护配合方法

如图4-108所示，⑤传球给⑥后，立即向⑥的方向跑给⑥做掩护，当⑤跑到⑥侧面掩护时，⑥运球突破到篮下上篮。

2. 掩护配合练习方法

（1）掩护动作练习

练习目的：掌握掩护动作方法。

练习方法：如图4-109所示，学生一路纵队，依次移动到锥形桶处，做掩护动作后转身切入篮下，然后到队尾排队，循环练习。

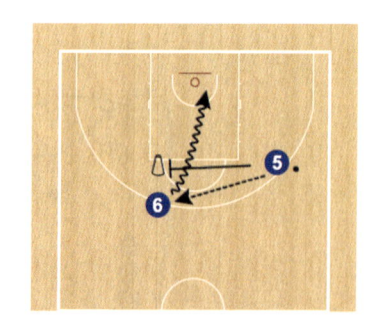

图4-108

练习要求：学生做掩护动作时两脚开立，膝关节微屈，两臂屈肘于胸前，上体微微前倾，挡在防守学生侧面约半步位置。

（2）掩护—切入练习

练习目的：掌握掩护的方法和时机。

练习方法：如图4-110所示，学生分两组。①去给③做掩护，在①掩护动作完成后，③做向左侧移动的假动作，然后突然变向切入篮下，两人交换到另一组队尾排队。两组学生依次进行练习。

练习要求：掩护位置正确，动作合理，同伴要紧贴防守学生，掩护队友切入篮下。

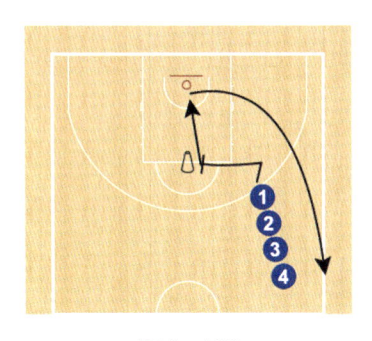

图4-109 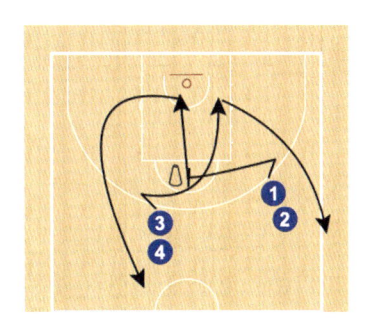　　　　　　　　　图4-110

（3）给有球队员做掩护

练习1：掩护—突破上篮。

练习目的：掌握掩护和突破时机。

练习方法：如图4-111所示，学生分两组，一组持球，另一组不持球。①传球给③后做向篮下假动作，然后跑去给③做掩护，③同时向右突破，①转身切入篮下接③的传球上篮，两人交换位置到另一组队尾排队。②、④以同样方法依次练习。

练习要求：掩护学生要靠近防守学生不给防守学生有挤过的机会；掩护动作正确，时机合适；掩护时队友之间要有简短的言语交流。

练习2：掩护—分球配合。

练习目的：掌握掩护后的拆开进攻方式。

练习方法：如图4-112所示，学生分两组。①持球，③上来给①做掩护，然后转身切入篮下；①利用③的掩护向篮下突破并随后传球给③；③接①的传球上篮。

练习要求：掩护到位，转身迅速，拉开空间，传球及时。

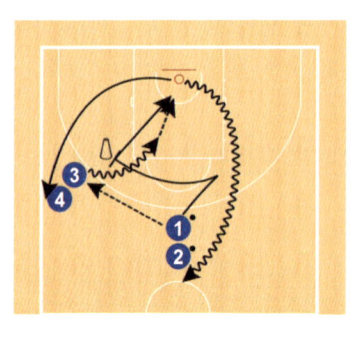

图 4-111 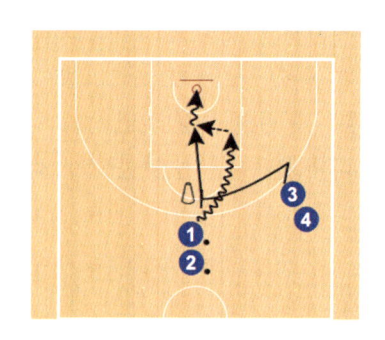　　　　　　　　　　　图 4-112

(4) 给无球队员做掩护

练习1：后掩护纵切上篮。

练习目的：掌握无球学生间的后掩护配合方法。

练习方法：如图4-113所示，学生分成3组。⑥所在组学生持球。⑥传球给①后上提给③做后掩护，③做假动作纵切篮下接①的传球上篮，①抢篮板到③的队尾排队，③到⑥的队尾排队，⑥到①的队尾排队。三组学生依次循环练习。

练习要求：掩护学生站在同伴的防守者后面半步距离，挡住其移动路线；切入学生要快速；传球学生要准确及时。

练习2：传球——掩护上篮。

练习目的：掌握无球学生之间的掩护配合方法。

练习方法：如图4-114所示，学生分为3组，④所在组学生持球。④传球给⑥后，向⑤方向跑动给⑤做掩护，⑤在④的掩护下切入篮下接⑥的传球上篮。

练习要求：掩护位置准确，动作合理，3人配合默契。

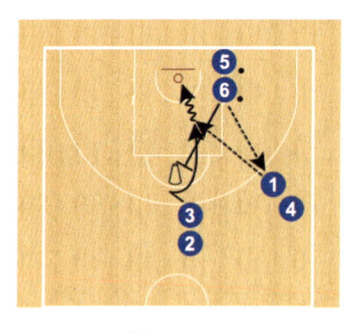

图 4-113 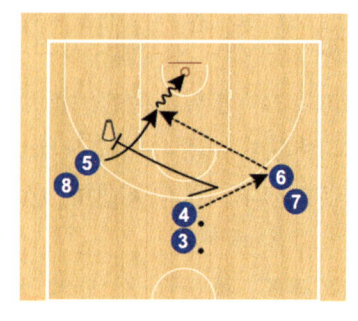　　　　　　　　　　　图 4-114

(5) 运球掩护

练习目的：掌握运球掩护配合方法。

练习方法：如图4-115所示，学生分成两组，①持球向②方向运球，然后手递手传球给②，顺势给②做掩护，②利用①的掩护突破篮下。

练习要求：运球掩护衔接连贯，位置正确。

(6) 连续运球掩护

练习目的：提高运球掩护配合的质量。

练习方法：如图4-116所示，学生分成3组。①向②方向运球，手递手把球传给②，同时给②做掩护；②向③方向运球手递手传球给③并给③做掩护，依次循环进行练习。当听到教师哨声，运球学生马上利用掩护突破篮下上篮。

练习要求：运球与掩护动作衔接紧密，掩护质量高。

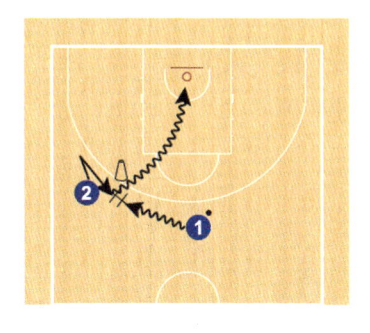

图4-115 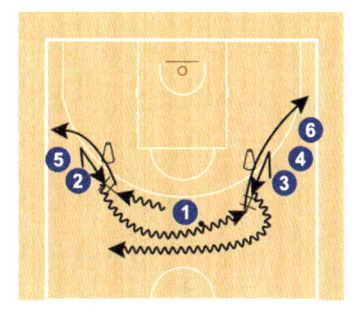　　　　　　　　图4-116

(7) 有防守下的掩护配合

练习目的：提高掩护配合的运用能力。

练习方法：在半场内进行三对三的比赛，大胆运用掩护配合，提高配合意识。

练习要求：防守由消极防守逐渐到积极防守，接近实战水平；在对抗的状态下提高运用配合能力。

(三) 突分配合

突分配合是指有球队员持球突破对手后，主动地或应变地传球给同伴从而创造得分机会的一种配合方法。突分配合通常在对方采用人盯人防守或区域联防时运用，通过队员的突破能力打乱防守阵型，吸引补防或协防，然后分球给队友创造机会得分。

1. 突分配合方法

如图 4 – 117 所示，①持球突破后遇到补防，封住了①向篮下切入的路线，①将球传给向篮下移动的②，②接球上篮。

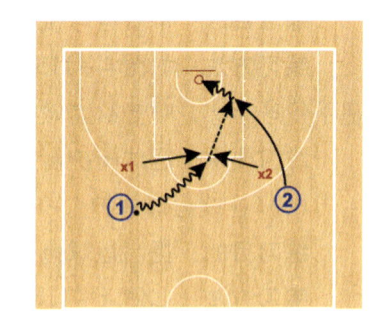

2. 突分配合练习方法

（1）原地突破分球

练习目的：初步掌握突破分球的方法。

练习方法：如图 4 – 118、图 4 – 119 所示，学生分成两组，一组在三分线弧顶处，一组在0°角或者45°角处，在弧顶的一组学生持球。①向篮下突破的同时②切入篮下接①的传球投篮或上篮，然后两人交换位置排到队尾。两组学生依次循环练习。练习一段时间后，改为②所在的组突破，分球给①所在的组投篮或切入上篮。

练习要求：突破快速，掌握好分球时机，传球准确。

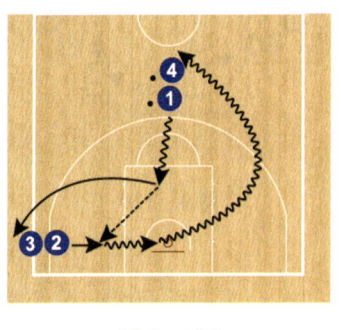

图 4 –117

图 4 –118 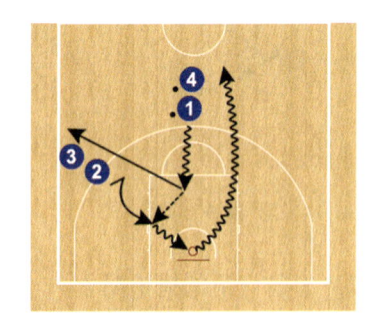　　　　　　　图 4 –119

（2）运球突破分球

练习目的：掌握运球后突破突分配合方法。

练习方法：如图 4 – 120 所示，学生分成两组，一组在三分线弧顶处持球。①传球给②，②快速运球向篮下突破的同时传球给切入篮下的①，①接球上篮，②跟进抢篮板，两人交换位置到另一组队尾排队。两组学生依次练习。

练习要求：突破迅速，切入时要做假动作；跟进抢篮板，不让球落地。

（3）消极防守下的突分配合

练习目的：掌握突分配合的运用能力。

练习方法：如图4-121所示，学生分成两组，一组在三分线弧顶，一组与篮筐成45°角。①、②先进攻，×3和×4防守，①传球给②，②突破的同时，①做切入，②看准时机传球给①，①上篮或投篮，②冲抢篮板。然后①、②变为防守，⑤、⑥进攻，×3和×4到队尾排队。两组学生依次进行练习。

练习要求：根据防守的情况合理选择分球的时机。

图4-120 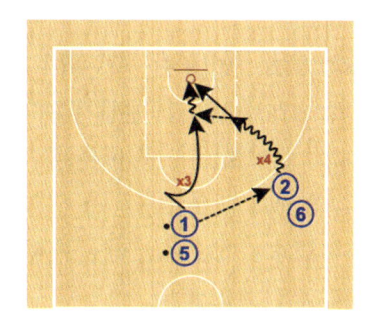　　　　　　　　　　图4-121

（4）半场三对三突分配合

练习目的：提高突分配合的运用能力。

练习方法：在半场内进行三对三的比赛，大胆运用突分配合，提高配合意识。

练习要求：防守由消极防守到积极防守，接近实战水平；在对抗的状态下提高运用突分配合的能力。

（四）策应配合

策应配合是指进攻队员采取背对或侧对篮筐站位，以他为进攻的枢纽，通过传球与队友间的切入相结合，形成内外线结合的一种配合方式。策应配合有高位策应配合和低位策应配合两种。

1. 策应配合方法

如图 4-122 所示，⑤摆脱防守后插到罚球线附近位置做策应，⑥将球传给⑤，并摆脱切入篮下，接⑤的传球后上篮或者投篮。

2. 策应配合练习方法

（1）策应传、接球

练习目的：体会在策应位置上接各个方向的传球。

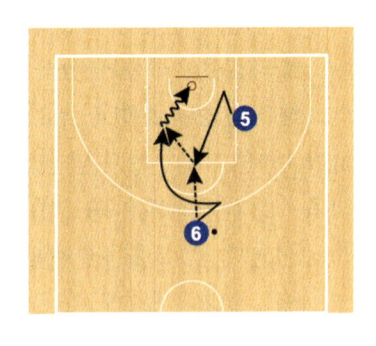

图 4-122

练习方法：如图 4-123 所示，学生 5 人一组，策应学生站在中间，其他学生站在四角。①②③各拿一个球，按照逆时针顺序，连续传球，①传给⑤，⑤传给④，然后②传给⑤，⑤传给①，③传给⑤，⑤传给②，④传给⑤，⑤传给③。

练习要求：⑤上步接球，根据各个位置，做不同角度的传球。

（2）高位区域策应

练习目的：掌握高位策应配合方法。

练习方法：如图 4-124 所示，学生分成两组，一组在端线，一组在三分线上。⑤在端线上提到罚球线位置，接⑥的传球策应，⑥传球后切入接⑤的传球后投篮，两人交换位置到队尾排队。两组学生如此循环练习。

练习要求：策应抢位后重心降低，并伸手示意要球；传球到位，时机合理。

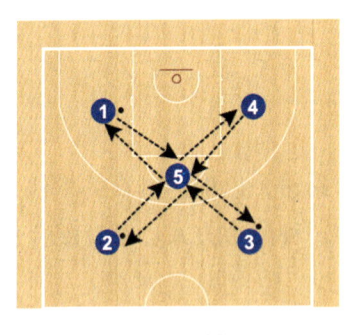

图 4-123

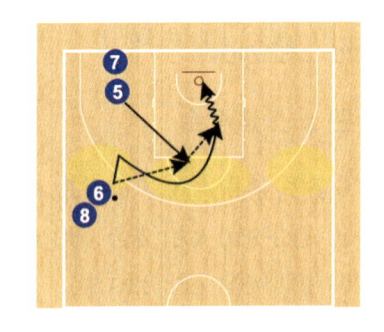

图 4-124

（3）低位区域策应

练习目的：掌握低位策应配合方法。

练习方法：如图 4-125 所示，学生分成两组，一组在 3 分线弧顶位置，一组在与篮筐成 45°角处。⑤往篮下移动，在低位策应区抢位，接⑥的传球，⑥做假动作摆脱切入，接⑤的传球后上篮，两人交换位置到队尾排队。两组学生循环练习。

练习要求：策应抢位后重心降低，并伸手示意要球；传球到位，时机合理。

（4）消极防守下的策应配合

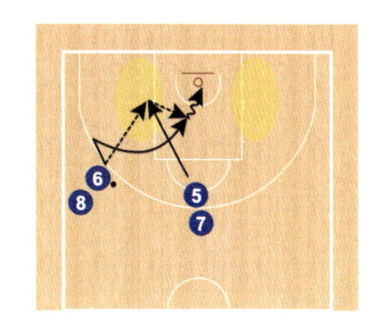

图 4-125

练习目的：提高策应配合的运用能力。

练习方法：在半场内进行三对三的比赛，学生尝试运用策应配合方法进行进攻，提高配合意识。

练习要求：判断准确，合理掌握策应时机。

二、防守战术基础配合教学

（一）挤过配合

1. 挤过配合方法

挤过配合是在对方进行掩护配合时，防守队员在对方掩护队员接近的瞬间，迅速向前跨出一步，靠近对手，从两个进攻配合的队员间挤过，继续防守自己的对手的一种方法。如图 4-126 所示，④传球给⑥后，去给⑤掩护；此时防守队员×7 及时提醒×8，×8 在④接近时，迅速向前跨一步，靠近⑤，并从④和⑤之间挤过，并继续防守⑤。

2. 挤过配合练习方法

（1）挤过步法

练习目的：掌握挤过时的步法。

练习方法：如图 4-127 所示，按图摆放锥形桶，学生一路纵队，从左侧依次滑步到锥形桶位置，做跨步挤过动作，从两锥形桶中间穿过。

练习要求：挤过时，动作迅速，跨步要果断。

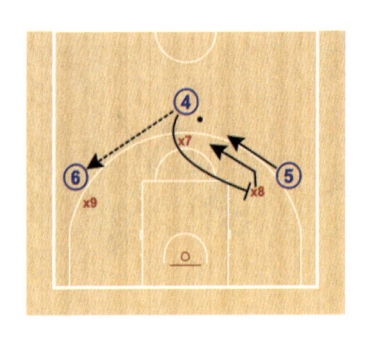

图 4－126 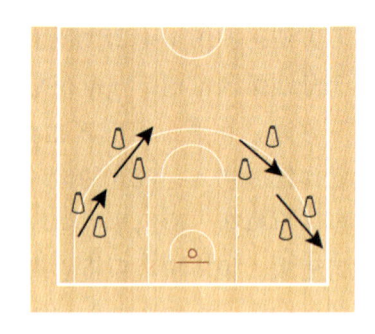　　　　　　　　　　　图 4－127

（2）防突破队员挤过配合

练习目的：掌握挤过配合的方法。

练习方法：如图 4－128 所示，学生两人一组，⑤、⑥进攻，×7 和 ×8 防守。练习开始，⑥跑去给⑤做掩护，⑤持球运球突破；此时 ×7 在 ⑤ 和 ⑥ 之间挤过继续防守住⑤。两名防守学生交换位置练习。练习一段时间后进攻学生和防守学生交换以同样方法继续练习。

练习要求：消极防守，掌握挤过动作、路线和时机。

（3）防守无球队员的挤过配合

练习目的：进一步掌握挤过配合的方法。

练习方法：如图 4－129 所示，学生两人一组，⑤、⑥进攻，×6 和 ×7 防守。练习开始，⑤传球给教师（C），同时借助同伴⑥的掩护往篮下切入；此时 ×6 积极跟防并提醒 ×7，×7 及时从 ⑤ 和 ⑥ 中间挤过继续防守⑤。两名防守学生交换位置练习。练习一段时间后进攻学生和防守学生交换以同样方法继续练习。

练习要求：掩护时队友间互相提醒，挤过学生上步挤过。

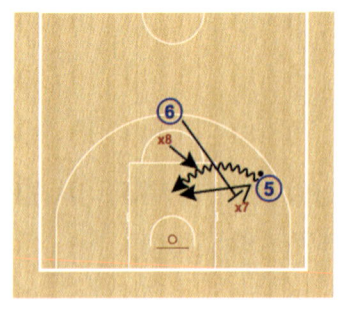

图 4－128 　　　　　　　　　　　图 4－129

（二）穿过配合

1. 穿过配合方法

穿过配合是破坏掩护的一种方法，当进攻队员掩护时，防掩护的队员提醒同伴主动后撤一步，让同伴从自己和掩护队员间穿过，继续防守自己的对手。如图 4-130 所示，④传球给⑥，然后给⑤掩护，此时×7 后撤一步让×9 从×7 和④中间穿过，继续防守自己的对手。

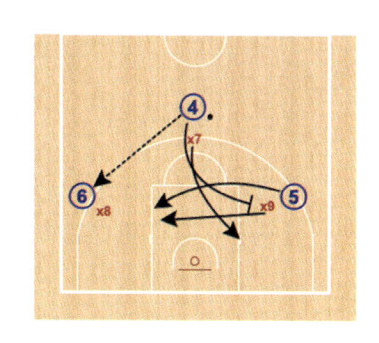

图 4-130

2. 穿过配合练习方法

（1）穿过移动步法

练习目的：掌握穿过的脚步动作。

练习方法：如图 4-131 所示，按图摆放锥形桶，学生一路纵队，从左侧依次滑步到锥形桶位置，做穿过动作，从两锥形桶中间穿过。

练习要求：穿过时，脚步迅速，动作敏捷。

（2）穿过配合练习

练习目的：掌握穿过配合的方法。

练习方法：如图 4-132 所示，学生 3 人一组，一组防守，一组进攻。练习开始，④传球给⑥，然后给⑤掩护，此时×8 向后撤半步，让×7 在×8 和⑤之间穿过，继续防守自己的对手。防守学生交换位置练习。练习一段时间后攻防两组学生交换以同样方法继续练习。

练习要求：及时提醒同伴，穿过脚步迅速。

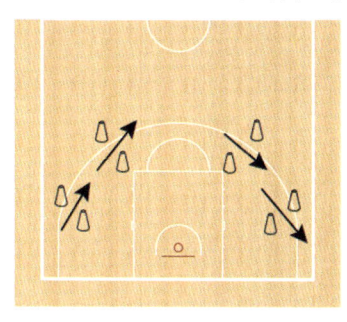

图 4-131

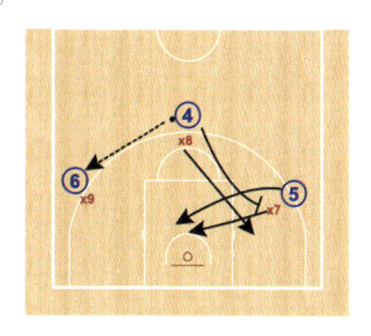

图 4-132

(三) 绕过配合

绕过配合是破坏掩护的一种方法。当进攻队员掩护时，防掩护的队员贴近对手，让同伴从自己的身后绕过，继续防守自己的对手。

（1）绕过移动步法

练习目的：掌握绕过的脚步方法。

练习方法：如图4-133所示，按图摆放锥形桶，学生两人一组，一人进攻一人防守。进攻学生从左侧开始向右移动，防守学生跟随进攻学生滑步，遇到锥形桶时，做绕过动作，继续防守滑步。

练习要求：绕过动作迅速。

（2）绕过配合

练习目的：掌握绕过配合的动作方法和时机。

练习方法：如图4-134所示，学生3人一组。④给⑤做掩护，×8后撤从×7身后绕过，继续防守⑤；⑤移动去给⑥掩护，×9后撤从×8后面绕过继续防守⑥，依次练习。

练习要求：绕过速度快，同伴间配合默契。

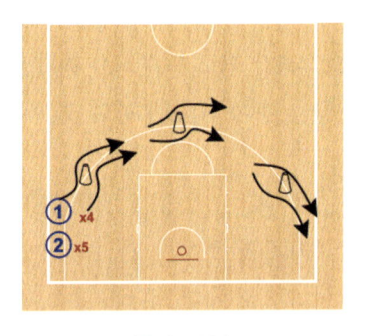

图4-133 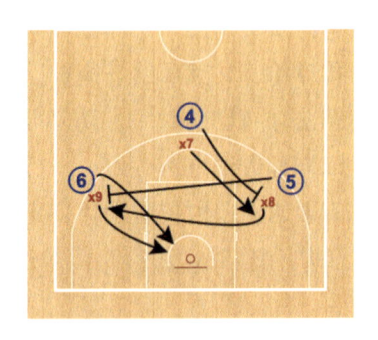　　　　　　　　　图4-134

(3) 半场三对三

练习目的： 提高学生运用挤过、穿过、绕过配合的能力。

练习方法： 如图 4-135 所示，3 人进攻，3 人防守。⑥传球给④后，跑去给④做掩护，④传球给⑤，同时④利用⑥的掩护切入篮下，准备接球进攻，防守学生根据对手情况运用挤过、穿过、绕过配合方法继续防守自己对手。练习一段时间后攻防双方交换练习。

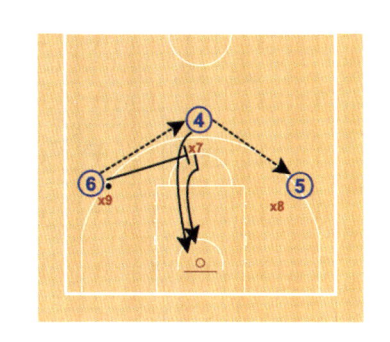

图 4-135

练习要求： 进攻学生运用掩护配合进攻，防守学生积极防守，互相呼应，配合默契。

（四）交换防守配合

1. 交换防守配合方法

交换防守配合是为了防守进攻队员的掩护配合，是防守队员之间及时呼应交换自己所防对手的一种配合方法。如图 4-136 所示，当⑤传球给⑥，④给⑤做侧掩护时，×4 积极跟进④移动，并发信号通知 ×5 对方进行掩护，当 ×5 被挡住时，×5 撤步抢位防④，×4 上步抢位防守⑤。

2. 交换防守配合练习方法

（1）换人动作

练习目的： 掌握交换防守配合的方法。

练习方法： 如图 4-137 所示，两人一组。①给②做掩护但不切入，×1 和 ×2 进行换防。一次练完之后①和②变防守方，×1 和 ×2 到队尾排队。两组学生依次进行练习。

练习要求： 掌握好换人时机，及时发出换人信号，换人要迅速。

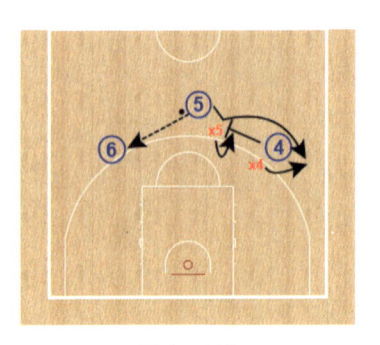

图 4－136

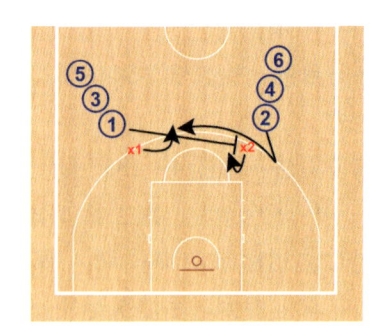

图 4－137

（2）交换防守

练习目的：掌握交换防守配合的方法。

练习方法：如图 4－138 所示，两人一组，②传球给①，然后去给①做掩护，×1 和 ×2 做交换防守。一次练习之后①和②变换为防守方，×1 和 ×2 到队尾排队。两组学生依次进行练习。

练习要求：换人及时，配合默契。

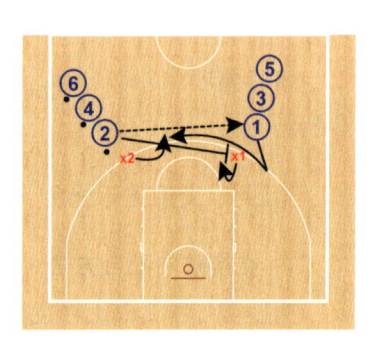

图 4－138

（五）关门配合

1. 关门配合方法

关门配合是指相邻的两名防守队员靠拢协同防守进攻队员突破的一种配合方法。两名防守队员如同两扇关闭的门将突破队员的路线堵住。如图 4－139 所示，①持球向篮下突破，×1 和相邻的 ×2 立即向①的进攻路线前靠拢关门，阻止①的进攻。

2. 关门配合练习方法

（1）关门脚步

练习目的：掌握关门脚步的动作方法。

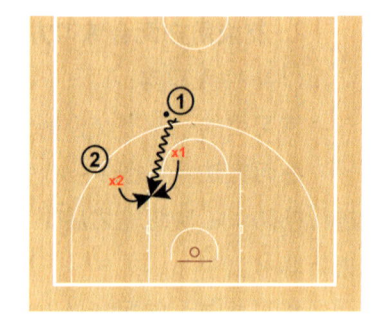

图 4－139

练习方法：如图 4－140 所示，学生分成两组，两组两人同时从端线出发，滑步到锥形桶位置，两人向中间靠拢关门，依次进行练习。

练习要求：关门时两人内侧的脚要靠拢，手要张开。

(2) 关门配合

练习目的： 掌握关门配合的时机和方法。

练习方法： 如图4-141所示，学生进行半场二对二练习。④持球，传球给③，③向篮下突破，此时×1和×2关门，阻碍③突破，③马上传球给④，④突破遇到×1和×2关门后传球给③，反复练习关门配合。练习一段时间后两组交换。

练习要求： 注意观察判断，关门及时，配合默契。

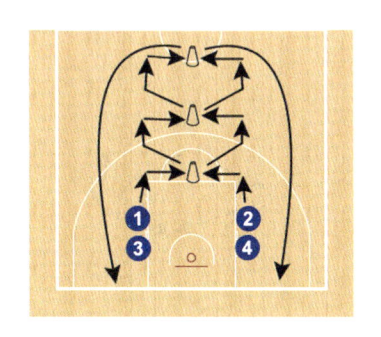

图4-140

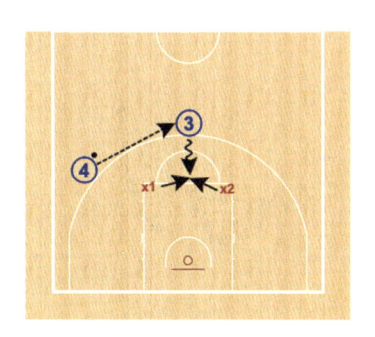

图4-141

(六) 补防配合

1. 补防配合方法

补防配合是指防守队员在同伴漏防时，立即放弃自己的防守对手，去补防那个漏防的进攻队员，而漏人的防守队员及时换防的一种协同防守配合方法。如图4-142所示，当①从中路向篮下突破时，×2放弃防守②去补防①，而×1立即补防②。

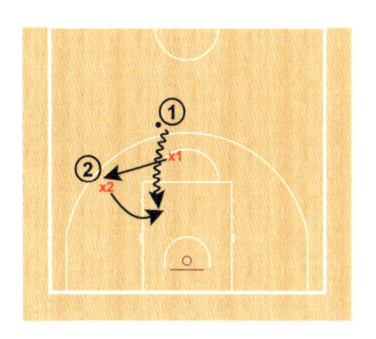

图4-142

2. 补防配合练习方法

(1) 补防移动路线练习

练习目的： 掌握补防配合的移动路线和时机。

练习方法： 如图4-143所示，两人一组，×6、×7为防守队员。当⑤从中路向篮下突破时，×7放弃防守④去补防⑤，×6去补防④，一次攻防结束后两组交换。

练习要求： 补防要及时。

（2）三人补位轮转练习

练习目的：掌握三人补位轮转的配合方法。

练习方法：如图4-144所示，三人进攻三人防守。当⑥运球突破时，×7果断放弃自己的防守对手④，向篮下补防⑥，同时×8去补防④，×9向限制区移动防守⑤，三人轮转防守。

练习要求：判断要准确，补防要及时，轮转防守要合理。

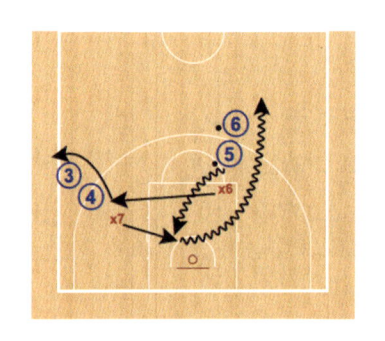

图4-143 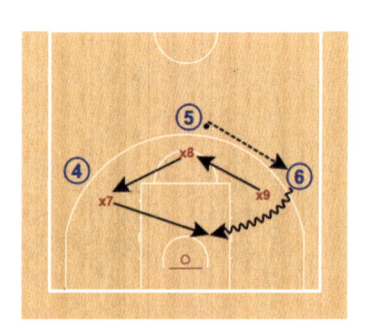　　　　　　　　　图4-144

第八节　身体素质教学

一、身体素质初级练习方法

（一）绳梯跳

练习目的：锻炼学生的下肢力量，提高敏捷性。

练习方法1：双脚连续跳。

如图4-145所示，双脚与肩同宽站立，听到哨声后用最快的速度双脚同起同落向前依次跳入绳梯第一格、第二格、第三格……最后跳出绳梯，然后跑到起始处重复练习。

练习方法2：侧向跳跃。

如图4-146所示，站在绳梯第一个方格的左侧，两脚分开，听到哨声后下蹲跳起，跳进斜对角的绳梯格子里，接着再立即跳起，跳到绳梯的左侧，依次继续快速前进。跳到绳梯的终点后，再向后跑到起始处并重复练习。

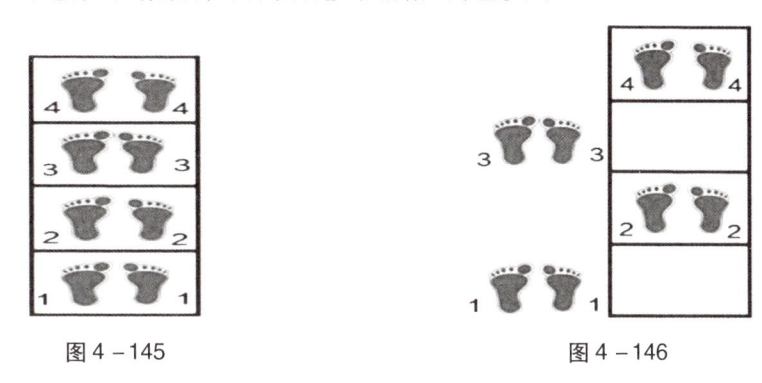

图4-145　　　　　　　　　　图4-146

练习方法3：双脚开合跳前进。

如图4-147所示，双脚分开于绳梯外侧站立，听到哨声后向前依次做开合跳前进，跳出最后一个格子后跑步至起始位置并重复练习。

练习方法4：两个向前跳，一个向后跳。

如图4-148所示，双脚打开与肩同宽，站在绳梯的第一格中，膝关节弯曲，上半身向前倾。听到哨声后向前跳到绳梯的第三格子之中，然后立即向后跳回一个格子，接着再继续前进跳两个格子，然后再跳回一个格子。跳到绳梯的终点后回到起始处重复练习。

练习要求：教师注意学生动作的规范性，要求学生按顺序完成练习。

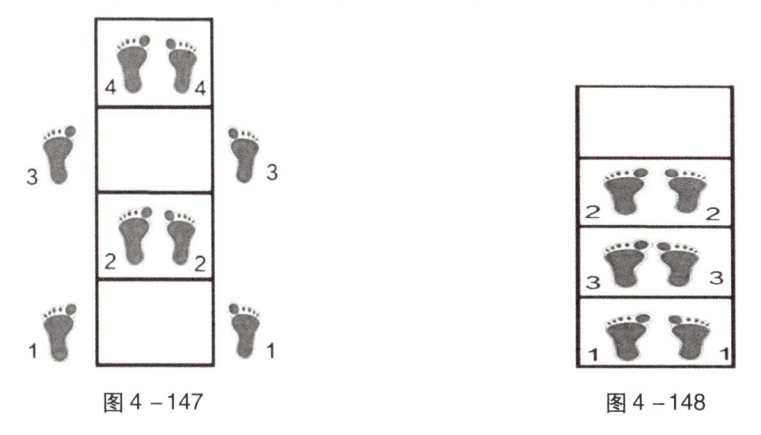

图4-147　　　　　　　　　　图4-148

（二）障碍跳

用小栏架做障碍物。障碍物的高度和距离应该保持不变（障碍的高度为15～60厘米，障碍间的距离为60～120厘米，障碍的数量为6～10个）。

练习目的：锻炼学生的腿部力量，提高其灵敏性。

练习方法1：正面的双脚障碍跳。

如图4-149所示，面对障碍物站立，双脚分开与肩同宽，膝关节微屈，手臂背后，双肘弯曲，双手置于腰间。起跳时手臂尽可能快地向前上方摆动带动身体跳过每一个障碍物。

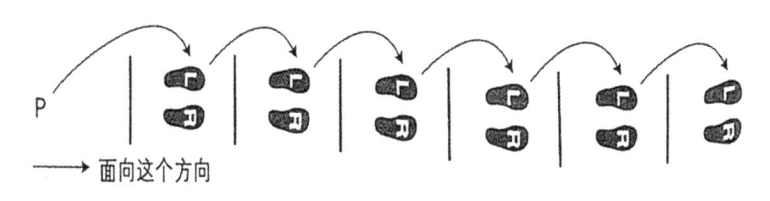

图4-149

练习方法2：侧面的双脚障碍跳。

如图4-150所示，身体侧对障碍物站立，双脚分开与肩同宽，膝关节微屈，手臂背后，双肘弯曲，双手置于腰间。起跳时手臂尽可能快地向前上方摆动，带动身体跳过每一个障碍物。

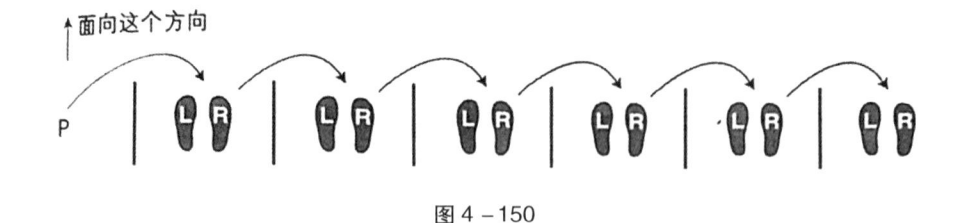

图4-150

练习方法3："Z"字形的双脚障碍跳。

如图4-151所示，放置障碍物的角度为30°～60°（标准45°）。面对障碍物，双脚分开与肩同宽，膝关节微屈，手臂背后，双肘弯曲，双手置于腰间。起跳时手臂尽可能快地向前上方摆动，带动身体尽可能快地以"Z"字形的向左向右的对角跳过每一个障碍物。

练习要求：跳跃时注意摆臂，落地应屈膝做好缓冲。

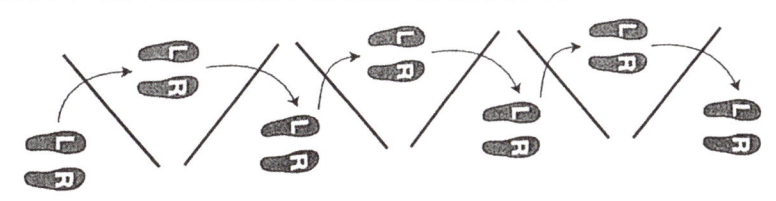

图 4-151

(三) 抱球跑

用锥形桶作为参照物，两个锥形桶之间的距离为 3~4 米，锥形桶直线摆放（难度调整：增加锥形桶数量和间隔距离）。学生在距第一个锥形桶 3~4 米的起点抱球准备。

练习目的：提高学生的速度素质和协调能力。

练习方法 1：抱球正向跑。

如图 4-152 所示，听到哨声后，学生抱球正向立即从第一个锥形桶出发跑到最后一个锥形桶。

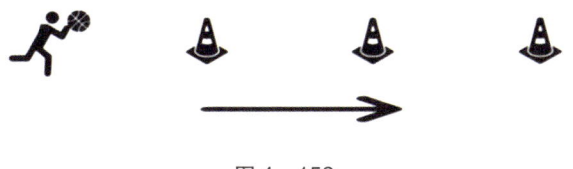

图 4-152

练习方法 2：抱球背向跑。

如图 4-153 所示，听到哨声后，学生抱球背向立即从第一个锥形桶出发跑到最后一个锥形桶。

图 4-153

练习方法 3：抱球正向折返跑。

如图 4-154 所示，听到哨声后，学生抱球正向立即从第一个锥形桶出发跑到最后一个锥形桶，然后从外侧绕过最后一个锥形桶返回第一个锥形桶。

练习要求：提醒学生注意沿锥形桶方向跑。练习方法 1 和练习方法 3 要求学生全速跑，练习方法 2 速度不必太快，注意安全。

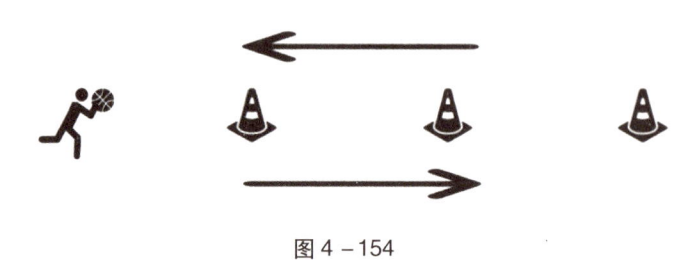

图 4-154

（四）三人传三球

练习目的：提高学生的手眼协调能力。

练习方法：如图 4-155 所示，每人一个篮球，放音乐。三名学生一组，站立成三角形，每人拿一个球，听到音乐响起，同时按顺时针方向将球传给下一名学生，三个球成功传到对方手上算成功一次，音乐结束后传球成功个数最多的一组为胜利方。

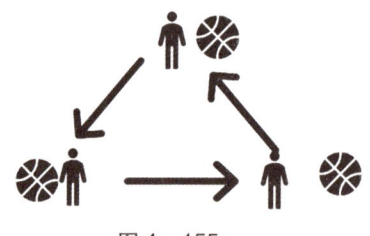

图 4-155

练习要求：学生将音乐作为开始与结束的口令，必须接到三个球才算成功一次。

二、身体素质中级练习方法

（一）侧向弓箭步

练习目的：锻炼学生的腿部力量，提高灵敏性。

练习方法：如图 4-156，学生站在绳梯的侧边，右脚踩在第一个格子里，左脚踩在绳梯外面呈弓箭步。每过一格时，双脚交叉跳跃（右前左后，左前右后），跳到绳梯的终点后，再向后跑到起始处并重复练习。

练习要求：注意学生动作的正确性，要求学生弓箭步要标准。

（二）单脚向前跳

练习目的：锻炼学生的腿部力量，提高其灵敏能力。

练习方法：如图4-157所示，学生站在绳梯前面，左脚抬离地面，右脚向前方的格子一格格地跳过去。学生跳到绳梯的终点后，再向后跑到起始处并重复练习。左右脚各做30秒。

练习要求：提醒学生按顺序完成动作后跑步返回。

图4-156

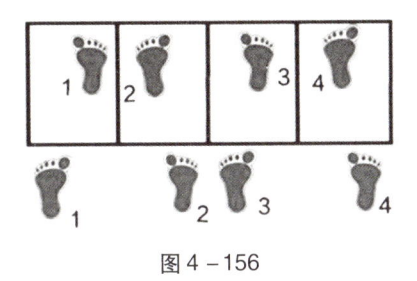

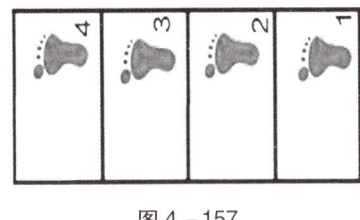

图4-157

（三）侧向脚尖连续跳

练习目的：锻炼学生的腿部力量和脚踝力量。

练习方法：如图4-158所示，学生站在绳梯的左侧，膝关节微弯曲，脚尖点地。右脚1迈步进入格子后，左脚2迅速跟上右脚进入第一格，随后右脚迈入第二格，左脚继续跟上，持续前进。学生到达绳梯的终点后，再向后跑到起始处并重复练习。

练习要求：注意学生要前脚掌触地而不是全脚掌触地。

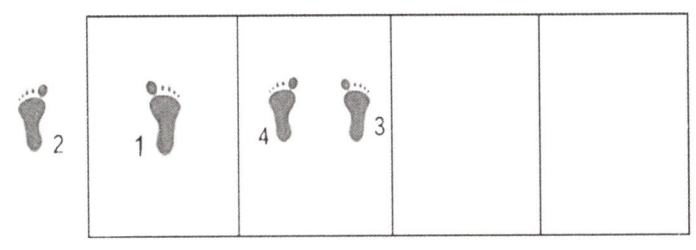

图4-158

（四）高频跑

练习目的： 锻炼学生的下肢力量，提高其灵敏性。

练习方法： 10 厘米高度的低栏架 10 个，以 50 厘米间隔等距放置成一条直线。学生练习时，身体略前倾，呈站立起跑准备姿势。跑动中上体前倾，双臂配合下肢摆动。

双脚要爆发式用力，加快小腿和双脚着地后摆的速度，降低着地支撑时间。

练习要求： 始终保持高步频，强调速度和力量。

（五）高抬腿跑

练习目的： 锻炼学生的下肢力量，提高其灵敏性。

练习方法： 10 厘米高度的低栏架 10 个，以 50 厘米间隔等距放置成一条直线。学生练习时，身体略前倾，呈站立起跑准备姿势。跑动时双臂配合下肢摆动，前摆至肩高，后摆至髋，动作迅速有力。双腿膝关节抬至水平后主动下压双脚扒地。

练习要求： 高重心，动作频率快。

（六）向前向后障碍跳

练习目的： 锻炼学生的下肢力量，提高其灵敏性。

练习方法： 30 厘米高度的栏架 1 个。学生面向栏架 40 厘米处站立，双脚向前跳跃过栏架，立刻向后背向双脚跳跃过栏架，重复该动作。

练习要求： 向前向后跳跃时，注意起跳高度与跳跃距离，不要过远。

（七）向前跳两个，向后跳一个

练习目的： 锻炼学生的下肢力量、爆发力，提高其灵敏性。

练习方法： 20 厘米高度的栏架 5 个，间隔 40 厘米。学生面向栏架，双脚起跳跳过前两个后，向后背向双脚跳跃过第二个栏架，再向前跳跃两个栏架，向后跳跃一个栏架，重复该过程。

练习要求： 注意摆臂，跳跃高度和跳跃距离不要过远。

（八）抱球背向折返跑

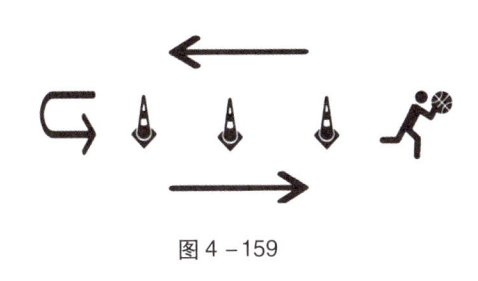

练习目的：锻炼学生的速度和协调性。

练习方法：如图 4－159 所示，每个锥形桶之间的距离为 3～4 米，学生在距第一个锥形桶 3～4 米的起点抱球背向站立准备，听到哨声后立即从第一个锥形桶出发，背向跑到最后一个锥形桶，然后正面跑返回第一个锥形桶。锥形桶直线摆放。

图 4－159

练习要求：提醒学生正向跑时全速进行；背向跑时控制速度，注意安全。

（九）运球折返跑

练习目的：提高学生的运球技能和速度素质。

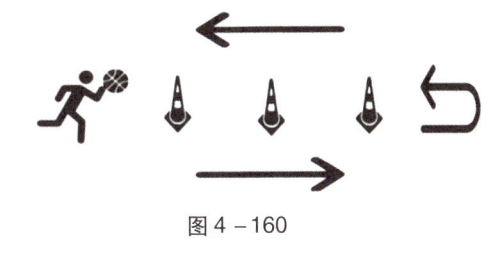

练习方法：如图 4－160 所示，学生在距第一个锥形桶 3～4 米的起点抱球准备，听到哨声后立即按锥形桶摆放位置向前运球，到达最后一个锥形桶后迅速运球折返。

图 4－160

练习要求：运球时提醒学生注意不要忽略了跑步方向。

（十）鸭子步背球圆形绕圈

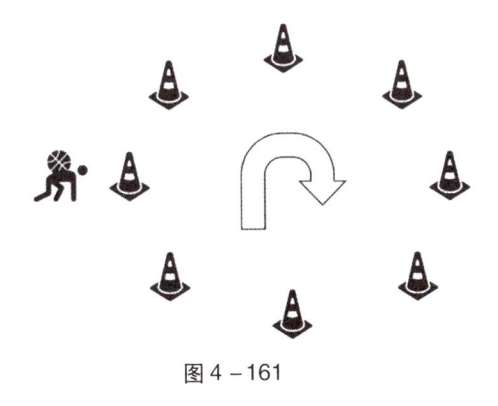

练习目的：发展学生耐力和稳定性。

练习方法：如图 4－161 所示，学生在距第一个锥形桶 3～4 米的起点处鸭子步并背球准备，听到教师哨声后鸭子步背着球绕锥形桶行进一圈。

图 4－161

练习要求：提醒学生用鸭子步尽量快速完成练习，从锥形桶外侧绕圈。

（十一）双人传双球

练习目的：提高学生的手眼协调性。

练习方法：如图4-162所示，两人相对约2米站立，每人持一个篮球，听到教师预备口令做好传球姿势。开始后两人各自把球从身体右侧传到对方的左侧，然后迅速转为接球状态接球，接球后再传球，循环往复。

图4-162

练习要求：提醒学生双方需要配合，不要盲目将球快速传出，在双方都接到球以后才可进行下一次的传球练习。

三、身体素质高级练习方法

（一）卡里奥克舞

练习目的：提高学生下肢灵敏性和速度素质。

练习方法：如图4-163所示，身体侧对绳梯，交叉步转髋跑。两脚平行于绳梯开立，左脚1跳入第一格左侧，转髋。当左脚1迈入第一格后，右脚2随即从左脚1后迈入第二格，左脚3从右脚2前迈入第三格，右脚4在左脚3前迈入第四格，左脚5紧接着在右脚4前迈入第五格，重复动作。

练习要求：此动作需要良好的协调性，学生在练习过程中可由慢到快，不必追求速度。

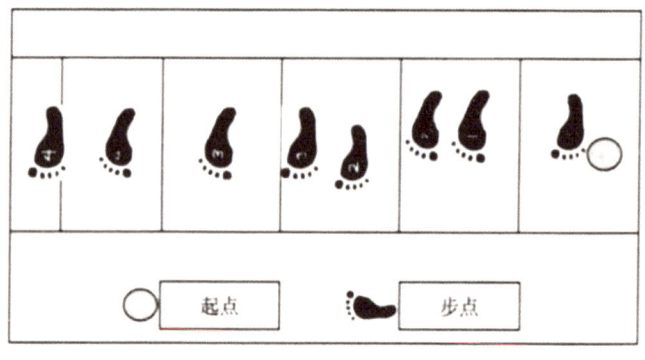

图4-163

（二）滑雪步练习

练习目的：提高学生下肢稳定性和下肢力量。

练习方法：如图4-164所示，双脚站在绳梯第一格处，左脚向左跨步跳，落地时左脚1单脚落地，保持身体平衡并缓冲。身体稳定后左脚1蹬地向右前方跨跳至第二格，如图落地左脚2右脚3，左脚2右脚3落地后左脚2随即蹬地，迅速向右跨步跳，右脚4单脚落地，保持身体平衡并缓冲，随后向左前方跳入第三格双脚落地，重复以上动作直到绳梯最后一格。

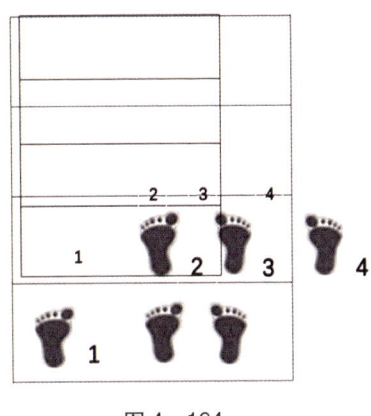

图4-164

练习要求：强调保持绳梯外的单脚平衡和缓冲，配合摆臂练习。

（三）正向单脚折返跳

练习目的：提高学生的下肢力量和灵敏性。

练习方法：20厘米高度的栏架10个，40厘米间隔直线放置。正对栏架单脚站立，单脚起跳，双臂配合下肢摆动，动作节奏快的同时保证动作质量。折返练习。

练习要求：注意摆臂，控制好单脚跳跃高度和跳跃距离。单脚跳跃时强调注意力集中。

（四）侧向单脚折返跳

练习目的：提高学生的下肢力量和灵敏性。

练习方法：20厘米高度的栏架10个，40厘米间隔直线放置。侧对栏架单脚站立，单脚起跳，双臂配合下肢摆动，动作节奏快的同时保证动作质量。折返练习。

练习要求：注意摆臂，控制好单脚跳跃高度和跳跃距离。单脚跳跃时强调注意力集中。

（五）双脚连续深蹲跳

练习目的：提高学生的下肢力量和爆发力。

练习方法：20厘米高度的栏架10个，40厘米间隔直线放置。正对栏架，双脚起跳，蹬地伸直，双臂配合下肢摆动，落地时做深蹲动作，下蹲后以快速蹬地起跳，重复完成该动作。

练习要求：注意摆臂，控制双脚跳跃高度和跳跃距离。注意跳跃后深蹲时的缓冲，深蹲跳跃时强调注意力集中。

（六）剩者为王

练习目的：提高学生的速度素质和灵敏素质。

练习方法：如图4-165所示，①将锥形桶摆放成圆圈，让学生全部站在圆圈中间，彼此面对面，人数比锥形桶多一个，然后老师发口令，所有学员去抢锥形桶。

②锥形桶的"归属权"属于第一个摸到的学生，第二个摸到的学生应自动放弃，去寻找没有被占有的锥形桶。如果两个学生同时摸到锥形桶，可以作废此局，重新开始。通过抢锥形桶的游戏，淘汰掉一名没有抢到的学生。

③第一局结束后，让剩余学生回到原位，并撤掉一个锥形桶，重新开始。

④按照以上规则进行游戏，直至剩下最后一名学生，游戏结束。

练习要求：提示学生必须严格遵守规则，防止出现纠纷。教师一定要看清第一个触碰到锥形桶的学生，提示学生注意安全。

图4-165

（七）快递员

练习目的：训练学生的耐力和速度。

练习方法：如图4-166所示，学生从起点位置做好准备。听到教师哨声后出发至第一个锥形桶，拿到第一个锥形桶后运送回起点，然后再处出发至第二个锥形桶，拿到后返回起点处，重复动作直到取回最后一个锥形桶。

练习要求：要求学生必须全速完成练习，必须将手中锥形桶运送回起点才可进行下一个锥形桶的运送。

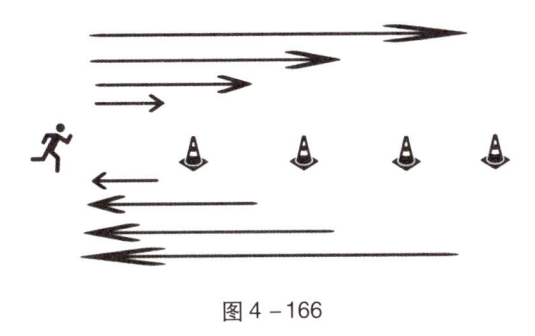

图 4-166

第五章　校园篮球课结束部分教学

第一节　结束部分概述

篮球课结束部分是一节篮球课的最后一个阶段，包括身心放松、检查、评价、回收器材等，其中以放松活动为主要部分。放松活动是指使有机体从紧张状态松弛下来的一种练习过程。

一、结束部分教学目的

结束部分的主要目的是使上课时的兴奋性逐渐下降，使机体从剧烈运动的状态逐渐过渡到相对安静的状态，促进学生身心健康发展。

二、结束部分教学意义

经过一堂课的练习，学生的身心都受到了不同程度的锻炼。在结束部分，通过小游戏和放松活动的方式，可以使学生从紧张兴奋的情绪中逐渐安静下来，放松肌肉，缓解疲劳，有利于机体恢复，提高练习效果。

第二节 放松练习方法

一、初级

（一）游戏

1. 学学小动物

练习目的：将学生的注意力重新集中到教师身上，并逐渐放松身心。

练习方法：如图5-1站位，老师问："同学们，告诉老师什么动物会飞啊？"学生七嘴八舌地说，"小鸟、蝴蝶、鸽子、飞机……"老师问："再告诉老师哪些动物不会飞啊？"学生纷纷举起小手回答，"山羊、鸭子、小鸡、马儿、白兔……"老师问："你们还知道哪些会飞的动物是对人类有害的啊？"学生再次不甘落后地回答，"蚊子、苍蝇……"老师说："我们今天的放松游戏名称就是'飞飞'，当老师说到会飞的动物的时候，你们就做模仿动作，并且说'飞飞'，当老师说的是不会飞的动物时，你们就摇手说，不会飞；当老师说的是蚊子、苍蝇时，你们就击掌说，啪！啪！打死它。"老师说着动物的名称，学生按照游戏要求做出对应的动作。

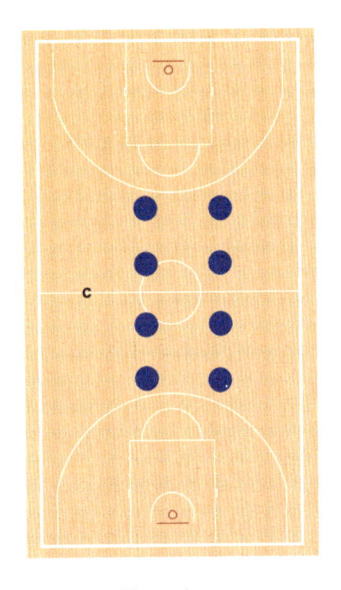

图5-1

练习要求：学生积极配合教师要求，迅速且形象地进行模仿。

2. 吹气球

练习目的：将学生的注意力重新集中到教师身上，并逐渐放松身心。

练习方法："同学们，请大家像老师这样，两脚分开，两手放在一起像个小气球，用嘴慢慢地吹气把气球吹大。"师生一起鼓起腮帮模仿着吹气球的动作，并口呼"咐、咐、咐……"两手的距离随着口呼由小变大，"同学们，气球吹得太大会怎么样了啊？""砰，气球爆炸了！"两手张开夸张地模仿气球爆炸。

练习要求：学生积极配合教师要求，迅速且形象地进行模仿。

3. **堆雪人**

练习目的：将学生的注意力重新集中到教师身上，并逐渐放松身心。

练习方法：教师带领学生一起做，蹲在地上边说口令边慢慢站起，"堆、堆、堆雪人，堆成一个大雪人"，站立成"大"字状，然后教师问，"太阳公公出来了，雪人是不是要化啦？""一只手化啦！"同时放下一只手，"又一只手化啦！"再放下一只手，边喊边放松全身各部位。直至躺到地上为止，可以打乱顺序并重复两到三组。

练习要求：学生积极配合教师要求，投入到放松活动中。

（二）放松操

1. **抖动放松**

两人相对站立，手指互握，上、下、左、右抖动放松。要求腕、肘、肩三个关节充分放松。

2. **闭眼踏步放松**

放松时，全体学生闭眼听教师发出的"一二一"口令做随意踏步，两臂摆动幅度和脚离地高度不限，可左右摇动，也可前后晃动。教师口令要求慢而轻。

3. **深呼吸放松**

放松时，学生双脚与肩同宽站立，深吸气时两臂正上举，同时提脚跟，深呼气时全身放松，同时下蹲，体会全身泄气了一样的感觉。教师用轻缓的语气下口令：上一吸、下一呼。

4. **敲打揉捏放松**

自我敲打、揉捏上下肢及腰腹部放松；两人一组相对站立，一人两手放到对方肩部，另一人揉搓、敲打对方大小臂放松；两人一组垫上仰卧或俯卧，相互全身敲打、揉捏、抖动放松。

5. **放松开合跳**

随着教师的哨声，学生放松并开始开合跳，跳跃过程中注意抖动身体，并随着动作进行深呼吸。

二、中级

（一）游戏

1. 照镜子

练习目的：将学生的注意力重新集中到教师身上，并逐渐放松身心。

练习方法："同学们，你们就是老师的镜子，无论老师做出什么动作，作为镜子的你们都要快速模仿出老师的动作。"然后老师做出具有放松作用的一些动作，或模仿动物的动作，或夸张地做出些怪异的动作，学生在模仿中哈哈大笑，达到了放松的目的。此游戏也可在学生之间进行。

2. 乒乓篮

练习目的：将学生的注意力重新集中到教师身上，并逐渐放松身心。

练习方法：如图5-2所示，学生围成圆圈。游戏开始，教师指定任何一名学生从逆时针或顺时针方向开始游戏，第一名学生喊"篮球"同时两手做成乒乓球的样子，第二名学生应接着"乒乓球"同时两手做成篮球的样子，如此交替进行。如果学生发生错误，必须为大家表演一个节目，然后从发生错误的学生开始，继续游戏。

3. 向左向右转

练习目的：将学生的注意力重新集中到教师身上，并逐渐放松身心。

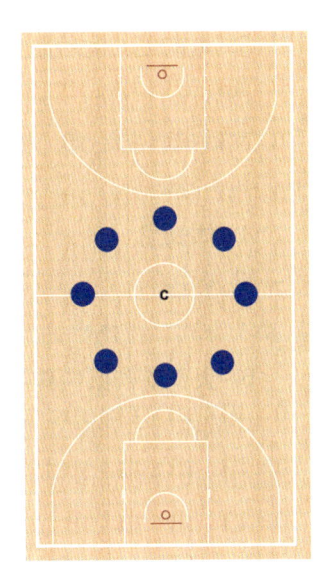

图5-2

练习方法：学生围成圆圈。游戏开始，教师指定一名学生为第一名从逆时针或顺时针方向开始游戏，第一名学生喊"立正"同时做稍息的样子，第二名学生应接着喊"稍息"同时做成立正的样子，第三名学生应接着喊"向左转"同时做向右转动作，第四人接着喊"向右转"同时做向左转动作，如此交替进行。如果学生发生错误，必须为大家表演一个节目，然后从发生错误的学生开始，继续游戏。

（二）放松操

1. 头部练习

第一个八拍：一低头，二抬头，三向左，四向右，五至八拍逆时针方向旋转360°；第二个八拍：一低头，二抬头，三向左，四向右，五至八拍顺时针方向旋转360°。

2. 放松肩臂练习

学生两臂自然放松下垂。第一个八拍：一拍提肩部，二拍放松肩部，三四拍重复一至二拍的动作，五至八拍逆时针方向旋转肩部；第二个八拍：一拍提肩部，二拍放松肩部，三四拍重复一至二拍的动作，五至八拍顺时针方向旋转肩部。

3. 体前屈、体后屈

两脚左右开立，比肩稍宽，开始体前屈，双手尽量往前下方伸，静止50~60秒，然后成直立姿势；再体后屈，送髋，双手尽量往后下方伸，静止50~60秒，然后成直立姿势。

4. 体侧屈

两脚左右开立，比肩稍宽，开始身体往左体侧屈，左手尽量往左下方伸，然后换个方向，身体再往右体侧屈，右手尽量往右下方伸。

5. 大腿前群肌肉伸展练习

站式练习：左腿站立，右手握住右脚踝，缓慢地向上拉，靠近臀部，感觉到大腿前肌群得到伸展后，保持8秒，换右腿、左手重复上述练习，也保持8秒。至少重复两遍。卧式练习：俯卧地上，左腿伸直，右手握住右脚脚面并缓缓拉向右臀，保持8秒；然后换成左手拉左脚，保持8秒，至少重复两遍。

6. 大腿后群肌肉伸展练习

跨栏步压腿：坐在垫子上，左腿伸直，右腿屈膝弯曲，左手及上体前倾去触及左脚踝，右手往后伸直，下压8次；右腿伸直，左腿屈膝弯曲，右手及上体前倾去触及右脚踝，左手往后伸直，下压8次。仰卧练习：仰卧地上，右腿微屈，右脚全脚掌着地，左腿上举，双手握住左腿，并把左腿轻轻向上体拉近，左腿不能弯曲，停留8秒，两腿轮流进行，至少重复两遍。

7. 双臂画圈

自然站立，目视前方，双臂自然下垂，而后如同跳绳，双臂向后、向上、向前、向下画圈10次，接着反方向画圈l0次。

8. 扭腰

自然站立，脚与肩同宽，双手叉腰，四指在前，拇指在后，先以顺时针方向大幅度缓慢转动腰10圈，然后以逆时针方向转动10圈。

9. 臀部伸展练习

左脚在前，右脚在后，两脚交叉站立，上体前倾，手触脚面，保持8秒，随后左右脚互换，至少重复两遍。

三、高级

（一）游戏

1. 鼻子鼻子哪

练习目的：将学生的注意力重新集中到教师身上，并逐渐放松身心。

练习方法：学生用食指指着自己的鼻尖。游戏开始，教师连续不断地给学生下达七个口令，如"眼睛、耳朵、头发、嘴巴、眉毛、下巴、喉咙"等，在下达每个口令的同时，学生食指必须指向错误的部位。七个口令中只要有一个口令言行一致，则为失败。失败者必须为大家表演一个节目。

2. 切西瓜

练习目的：将学生的注意力重新集中到教师身上，并逐渐放松身心。

练习方法：如图5-3所示，学生手拉手围站成一个圆圈（形成一个大西瓜），选出两名学生，一名作为裁判员，负责跑动学生的安全和执行游戏规则，另一名学生作为"切西瓜"的人。游戏开始，"切西瓜"的学生在圆圈内沿逆时针方向跑动，同时右臂举起、立掌（就像是举起一把刀），边跑动边嘴里唱歌谣"切——切——切西瓜，一个西瓜切两半"。嘴里每说一个字，手掌就"切"向两个相邻学生手拉手的握手部位，当说到最后一个字"半"时，被"切"到的手拉手的两个相邻学生，手被"切"开（好似西瓜被切两半）。这两个学生迅速沿圆圈外沿，向相反方向跑去，而"切西瓜"的学生则迅速站到离开的两位学生的其中一个位置上，两名正在跑动的学生沿着圆圈跑一周，快速跑动抢占还剩下的一个位置。先跑到位置上的学生为胜利者，重新作为"切西瓜"的人，后跑到者为失败者，被"惩戒"后回到剩下的一个位置上，游戏继续。

3. 拉大锯

练习目的： 将学生的注意力重新集中到教师身上，并逐渐放松身心。

练习方法： 两人一组坐在垫子上，两腿分开，两脚掌相对，两人体前拉手坐好。游戏开始，一人前屈体，一人后倒体，不断交替重复，直至一个人拉不起为止。以两人完成拉起次数多少排列名次。

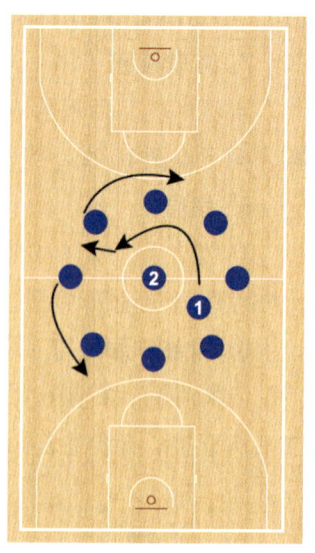

图 5-3

（二）放松操：筋膜球辅助放松

1. 脚底筋膜

单脚站立，悬空脚踩在筋膜球上，重心置于支撑腿。让筋膜球在脚底四处滚动，酸疼的地方可以多滚动一会，踩 40 秒为 1 组，每只脚 3 组。

2. 股四头肌与髂胫束

俯卧，使筋膜球由膝关节向髋部滚动。如触碰到酸痛点，停下来保持一段时间。

3. 腓肠肌与比目鱼肌

坐在地上，身体略微抬高，筋膜球置于小腿后侧下方，连续滚动，动作要缓慢。遇到酸痛点后停下保持一会儿。

4. 肩关节囊后侧

仰卧，筋膜球置于肩部后侧，缓慢小范围使筋膜球在肩部后侧来回滚动，保持 20~30 秒，然后换对侧进行练习。

第六章　校园篮球室内理论课教学

篮球室内理论课教学是小学篮球教学中不可缺失的一部分，篮球教学中的诸多内容并不是所有室外教学都能传达给学生的。在教学中应重视理论和实践的结合，对于篮球室内理论课教学中教授的理论知识，要让学生通过室外篮球课进行实践；对于室外篮球课学习的篮球技能，要在室内课堂教学中进行理论知识的完善，促进理论与实践一体化，提高篮球课教学效果。篮球室内理论课不仅是对课外实践教学的有效补充，而且可以提高学生的篮球素养，帮助学生养成坚持体育锻炼的习惯。

第一节　篮球初级理论课内容

一、篮球运动的起源

1. 教学目标

使学生了解篮球运动起源的历史背景，激发学生对篮球的兴趣。

2. 教学内容

①篮球运动起源的时间、地点、人物和事迹。

②篮球运动起源的历史背景。

二、篮球明星成长故事

1. 教学目标

增强学生对篮球的喜爱，激励学生刻苦练习。

2. 教学内容

①篮球明星成长背景（家庭背景、成长过程与事迹）。

②明星的性格特点和趣事。

③播放篮球明星纪录片。

三、篮球场地器材规格与标准介绍

1. 教学目的

便于小学生更好地学习篮球。

2. 教学内容

①篮球场地的规格与标准。

②篮球器材的规格与标准。

第二节 篮球中级理论课内容

一、中国篮球运动

1. 教学目的

使学生了解中国篮球运动的发展状况。

2. 教学内容

①篮球运动传入中国的时间、地点及背景。

②中国篮球运动现状、与世界篮球强队的差距。

二、篮球比赛主要规则介绍

1. 教学目的

让学生了解篮球基本规则，便于学生比赛中合理地运用技术动作。

2. 教学内容

①比赛通则及一般规定。

②常见的违例。

③常见的犯规。

三、篮球技术分析

1. 教学目的

让学生了解篮球基本技术知识，增强学生技术练习的积极性。

2. 教学内容

①篮球技术的种类。

②播放比赛视频，欣赏篮球比赛中技术的经典运用。

第三节 篮球高级理论课内容

一、主要篮球赛事介绍

1. 教学目的

使学生了解高水平的篮球赛事知识。

2. 教学内容

①美国职业篮球联赛赛事介绍。

②中国职业篮球联赛赛事介绍。

二、篮球基础战术配合分析

1. 教学目的

使学生初步掌握篮球基础战术配合知识。

2. 教学内容

①篮球基础战术配合分类。

②主要基础战术配合方法及要求。

③播放比赛视频，欣赏篮球比赛中基础战术配合的经典运用。

三、篮球主要裁判法介绍

1. 教学目的

让学生了解篮球裁判基本方法。

2. 教学内容

①裁判员的分工。

②常用的判罚手势。

参考文献

[1] 乔治·卡尔. 篮球防守训练101例[M]. 武国政,译. 北京:人民体育出版社,2004.

[2] 乔纪龙,李廷奎. 篮球运动教程[M]. 北京:北京体育大学出版社,2017.

[3] 于振锋. 现代篮球技术学练设[M]. 北京:高等教育出版社,2013.

[4] 刘晓华. 青少年篮球基本技术训练方法与手段[M]. 北京:北京体育大学出版社,2014.

[5] 郭永波. 篮球运动教程[M]. 北京:北京体育大学出版社,2005.

[6] 武国政. 篮球游戏[M]. 北京:北京体育大学出版社,2005.

[7] 哈尔·威塞尔. 篮球运动技术从入门到精通:全彩图解:第3版[M]. 张明,译. 北京:人民邮电出版社,2016.

[8] 艾克. NBA篮球训练法[M]. 高博,译. 北京:化学工业出版社,2013.

[9] 王晓东. 实用篮球训练300例[M]. 北京:北京体育大学出版社,2006.

[10] 近藤义行. 篮球基础与战术:全彩图解版[M]. 赵令君,译. 北京:人民邮电出版社,2016.

[11] 孙民治. 篮球运动教程[M]. 北京:人民体育出版社,2007.

[12] 日高哲朗. 篮球战术图解基础练习与实战应用[M]. 洪欣怡,彭帆,译. 北京:人民邮电出版社,2017.

[13] 唐·肖沃尔特. 青少年篮球教学指导:第5版[M]. 毕成,译. 北京:人民邮电出版社,2018.

[14] 美国NBA体能教练员协会. 美国体能训练手册[M]. 张莉清,译. 北京:人民体育出版社,2009.

[15] 《篮球运动教程》编写组. 篮球运动教程[M]. 北京:北京体育大学出版社,2013.